Otto Pringsheim

Beiträge zur wirtschaftlichen Entwicklungsgeschichte der vereinigten Niederlande im 17. und 18. Jahrhundert

Otto Pringsheim

Beiträge zur wirtschaftlichen Entwicklungsgeschichte der vereinigten Niederlande im 17. und 18. Jahrhundert

ISBN/EAN: 9783955642853

Auflage: 1

Erscheinungsjahr: 2013

Erscheinungsort: Bremen, Deutschland

@ EHV-History in Access Verlag GmbH, Fahrenheitstr. 1, 28359 Bremen. Alle Rechte beim Verlag und bei den jeweiligen Lizenzgebern.

Beiträge

zur

wirtschaftlichen Entwickelungsgeschichte

der

vereinigten Niederlande

im 17. und 18. Jahrhundert.

Von

Dr. phil. **Otto Pringsheim**.

> Considéré dans son histoire générale,
> aucun peuple à plus juste titre que
> celui de Hollande ne mérite d'être appelé
> grand.
> Reclus, Nouvelle géographie
> universelle IV.

Leipzig,
Verlag von Duncker & Humblot.
1890.

Das Übersetzungsrecht wie alle anderen Rechte sind vorbehalten.

Vorwort

Die wirtschaftliche Entwickelung der niederländischen Republik ist in Deutschland noch nicht zum Gegenstand einer wissenschaftlichen Bearbeitung gemacht worden. Diese Lücke, auf die mich aufmerksam zu machen Herr Professor Schmoller die Güte hatte, macht sich dem Historiker um so bemerkbarer, als im 17. Jahrhundert, der Zeit, die der Menschheit Ehre macht (Laplace), die Holländer bekanntermafsen eine führende Rolle spielen.

Als ich mich nun an die Lösung der bezeichneten Aufgabe machte, stellte sich bald heraus, dafs ohne langjährige Archivstudien eine Geschichte des niederländischen Wirtschaftslebens nicht zu schreiben sei. Für diesen Zweck reichte das Material, das ich während eines kürzeren Aufenthalts in Holland sammeln konnte, nicht aus, wohl aber bringt die auf Grund desselben verfafste Arbeit wenigstens die Hauptmomente jener Entwickelung zur Darstellung.

Von deutschen Vorarbeiten kam nur in Betracht das bekannte Werk von E. Laspeyres: Geschichte der volkswirtschaftlichen Anschauungen der Niederländer zur „Zeit der Republik". (Preisschrift der Fürstl. Jablonowskischen Gesellschaft) Leipzig 1863. Obwohl dasselbe neben der Geschichte der ökonomischen Theorieen auch die diesen zu Grunde liegenden Thatsachen darstellt, so geschieht dies doch nur beiläufig und nur zur Erklärung der erstern. Dabei bleiben wichtige Wirtschaftsgebiete unberührt und namentlich die sociale Seite des Gegenstandes wird ganz vernachlässigt, auch gehen die leitenden Gesichtspunkte häufig in einer Fülle von Details verloren. Ich habe meine Darstellung auf die von Laspeyres wenig oder gar nicht besprochenen Punkte beschränkt. Verlor die Arbeit hierdurch den Vorzug epischer Breite, so war gedrängte Kürze bei einem Gegenstand nicht unangebracht, der, wie mir scheint, durch die grosse Weitläufigkeit der bisherigen Behandlung am meisten an Interesse eingebüfst hat.

Als Beispiel einer ebenso chronistenhaft redseligen wie tendenziösen Bearbeitung unseres Themas ist das Buch des Advokaten Elias Luzac „Der Reichtum Hollands" zu erwähnen. Als Ende des 18. Jahrhunderts angesichts des Verfalls des niederländischen Handels und der Industrie, das Nachdenken über die Ursachen dieser Erscheinung erwachte, tobte im Lande ein heftiger Parteikampf. Wenig bemüht um historische Wahrheit, suchten die Schriftsteller jener Tage in der Vergangenheit nur, was dem Hause Oranien-Nassau und seinen Gegnern zum Ruhm oder zur Schande gereichen konnte. Obwohl das Buch des Luzac am meisten nach dieser Richtung fehlt, hat es bis auf den heutigen Tag ein unverdientes Ansehen behauptet und namentlich die Anschauungen deutscher Historiker vielfach beeinflufst[1].

Die holländischen Citate im Text habe ich meistens übersetzt, dagegen glaubte ich die urkundlichen Beilagen in der Ursprache wiedergeben zu müssen. Nur bei der letzten Beilage Nr. 6 wurde eine Ausnahme gemacht, weil hier das Original in einer gedruckten Quelle eingesehen werden kann.

Bei den archivalischen Studien, die ich zum Zweck dieser Arbeit anstellte, fand ich in Holland die liebenswürdigste Aufnahme und Unterstützung. Zu besonderem Dank verpflichtet bin ich dem Commies-Chartermeester Herrn J. H. Hingman wie den übrigen Beamten des Reichsarchivs, Herrn Tiedman von der Königlichen Bibliothek im Haag und Herrn Mr. N. de Roever, Archivar von Amsterdam.

Breslau, Oktober 1890.

Otto Pringsheim.

---

[1] Eine nicht schmeichelhafte Kritik des Luzac giebt F. A. Lüder. Geschichte des holländischen Handels. Leipzig 1788. Vorwort.

Inhaltsübersicht.

Einleitung. Seite
Die ökonomische Entwickelung der Niederlande, erklärt aus der unveränderten Beibehaltung der Principien der mittelalterlichen Stadtwirtschaft . . . . 1—9

Erstes Kapitel.
Entwickelung des niederländischen Handels im 17. und 18. Jahrhundert . . . . 10—24
Umfang des niederländischen Handels nach Petty und Kluit . . 10
Unrichtige Auffassung von Laspeyres über die Entwickelung des niederländischen Handels 11
Relative Blüte des niederländischen Handels bis 1780 11
Zollannahme der Admiralitäten . . . . 12—14
Übergewicht des europäischen Handels der Niederlande über den überseeischen Verkehr . . . . 15—17
Die Ostsee als wichtigstes Handelsgebiet der Holländer . . . 17—18
Bedeutung des Sundes und des Sundzolls 19
Zollerhöhungen Dänemarks 20
Vertrag von Christianopel 21
Ablösung des Sundzolls 22
Niederländische Politik im dänisch schwedischen Kriege 1657—1660 22
Geringere Bedeutung des Sundzolls im 18. Jahrhundert. Rufslands Vorrücken an die Ostsee 23
Verfall des niederländischen Ostseehandels 24

Zweites Kapitel.
Die Organisation des Handels. Die grofsen Compagnieen . . . 25
Die Kollegien für den Levantehandel und den russischen Handel 26—28

Drittes Kapitel.
Entwickelung der niederländischen Industrie im 17. und 18. Jahrhundert . . . . 29—39
Vorherrschen des Kleinbetriebs in der Industrie bis zum letzten Drittel des 17. Jahrhunderts . . . . 29—31
Gewerberechtliche Hindernisse der Errichtung grofser Manufakturen 32
Einfluß der französischen Réfugiés auf die Entwickelung der Industrie 33
Materiale von Grofsbetrieben seit 1683 34
Verfall der Industrie seit 1730 35
Gründe des Verfalls. Hohe Arbeitslöhne. Gründe, weshalb die Verlegung der Fabriken auf das platte Land unterblieb . . 36
Versuche zur Hebung der Industrie in der zweiten Hälfte des 18. Jahrhunderts 37
Mangel an Rohstoffen in den Niederlanden. Die Zufuhr von Rohseide und die ostindische Compagnie . . . . 38—39

Viertes Kapitel.

	Seite
Die Gewerbeverfassung in den Niederlanden.	40—47
Die Gilden in ihren verschiedenen politischen und wirtschaftlichen Funktionen	40
Obrigkeitliche Verordnungen behufs Sicherung einer guten Qualität der Waren	42—43
Die Hallen der Textilindustrie, die Say- und Greinhalle in Leyden	44
Die hausindustriellen Ordnungen des 18. Jahrhunderts. Ihre socialpolitische Bedeutung	45
Organe zur Beaufsichtigung der Manufakturen	46
Mangel an Einrichtungen zur Förderung der Industrie im allgemeinen	47

Fünftes Kapitel.

Die Lage der niederländischen Arbeiterklasse während des 17. und 18. Jahrhunderts	48—59
Gewerberecht und Gewerbepolizei in den Händen der Stadt, nicht des Staats. Recht auf Arbeit	48—49
Arbeitszeit, Sonntagsarbeit, Nachtarbeit	49—50
Lohnsätze. Schiffbauer, Tuchscherer, Bauarbeiter etc.	50—52
Ernährungsweise der Arbeiter	53
Wohnungsverhältnisse	54
Frauen- und Kinderarbeit	55
Organisationen der Arbeiter, die Knechtsgilden	56
Die Organisation der Torf- und Kornträger	57
Das Kassenwesen, Kranken- und Sterbekassen	58
Resumé über die Lage der holländischen Arbeiter	59

Sechstes Kapitel.

Zur Geschichte der socialen Bewegung in den Niederlanden	60—71
Socialpolitische Folgen der ökonomischen Entwickelung der Niederlande seit Anfang des 17. Jahrhunderts	60—61
Politische Kämpfe seit dem Tode Wilhelms II. 1650	62
Das Quäkertum und seine sociale Bedeutung. Agitationen der Quäker in Holland	66
Jean de Labadie und seine Sekte. Die kommunistische Kolonie Waltha	67
Socialistische Tendenzen und revolutionäre Bewegungen in der zweiten Hälfte des 17. Jahrhunderts. Aufstand in Amsterdam 1696	68
Die Arbeiterbewegung in der Tuchindustrie	69
Die Arbeiterbewegung in andern Gewerben	70
Allgemeines über die sociale Bewegung des 17. Jahrhunderts	71

Anhang.

I. Zur Statistik der Leydener Industrie	72—74
II. Kurze Eingabe der Tuchmacher an die Generalstaaten nebst Entgegnung der Regierung von Amsterdam über das Tuchmachergewerbe	75—89
III. Aktenstücke zur Reform des Zolltarifes 1683	90—96
IV. Kurze Übersicht über die von der Stadt Amsterdam aufgebrachten Staatssteuern 1671—85	97—103
V. Aktenstücke über die Gründe des Verfalls der Seidenindustrie und die Mittel zur Hebung derselben	104—120
VI. Revidierte und vermehrte Statuten der Krankenkasse für die Brauergesellen in Leyden	121—126

Einleitung.

Die ökonomische Entwickelung der vereinigten Niederlande zur Zeit der Republik hat stets als ein Rätsel gegolten. Und doch läfst sich die beispiellos schnelle Blüte, wie der jähe Niedergang des kleinen Landes auf eine Hauptursache zurückführen.

Die Niederlande oder wenigstens ihr wichtigster Teil, die Provinz Holland, waren dasjenige Land Nordeuropas, in dem die Städte und das städtische Bürgertum über andere sociale Mächte am frühesten ein Übergewicht erhielten und es dauernd behaupteten.

Schon Anfang des 16. Jahrhunderts war fast die Hälfte der holländischen Bevölkerung städtisch[1]. — Unter dem schwachen Regimente der Grafen aus dem hennegauischen und bayerischen Hause hatten die Städte Privilegium auf Privilegium von den Landesherren erworben und damit eine Machtstellung erobert, die auch ein stärkerer Arm ihnen nicht zu entreifsen vermochte.

Der Kampf, den die burgundisch-habsburgischen Fürsten von Karl dem Kühnen bis auf Philipp II. gegen die Autonomie der Städte führten, endete mit der Unabhängigkeitserklärung der sieben Provinzen und dem 80jährigen Befreiungskriege, ebensosehr angefacht durch den Widerspruch gegen die centralistischen Tendenzen der spanischen Herrscher[2], wie durch religiöse Motive.

Es war natürlich, dafs das stolze Bürgertum, das im Kampf gegen den fremden Despotismus die nationale Freiheit erstritten, in den neuen politischen Zustand auch alle Vor-

---

[1] Die Bevölkerung der Provinz Holland betrug 1514 400 000 Seelen, von denen etwa 190 000 in Städten, der Rest auf dem Lande wohnte, P. J Blok: Eene hollandsche stad onder de bourgondisch-oosten-rijkschen heerschappij 1884 p. 2.

[2] Über die centralistische Wirtschaftspolitik Karl V. in den Niederlanden. Wenzelburger, Geschichte der Niederlande, I 1879 p. 806 f

rechte der städtischen Gemeinwesen hinübernahm[1]. Als daher durch die Utrechter Union vom 25. Januar 1579 die sieben nordniederländischen Provinzen zu einer engeren Gemeinschaft zusammentraten, wurde die Bundesgewalt auf das dürftigste ausgestattet und gerade in wirtschaftlichen Angelegenheiten ihre Befugnis aufs engste bemessen[2].

Abgesehen von der Generalitäts-Finanzverwaltung[3] fiel nur das Münzwesen[4] und Zollwesen dem Bunde anheim. Die Regelung der Arbeiterverhältnisse, die Ordnung des Armenwesens, soweit es nicht kirchlich, die Beaufsichtigung der Gilden, das Bankwesen, selbst das Verkehrswesen (Post etc.) verblieb der Stadt[5], nicht dem Staate.

Der städtische Charakter des niederländischen Wirtschaftslebens wird auch dadurch nicht verwischt, dafs der Handel, die Schiffahrt, die Flufs- und Seefischerei, Landwirtschaft und Industrie zahlreichen Verordnungen der Generalstaaten und Provinzialstaaten unterworfen waren.

Wenn Schmoller[6] meint, dafs in den entscheidenden volkswirtschaftlichen Fragen die niederländischen Staaten eine geschlossene Einheit gebildet, dafs die Kolonialpolitik, die Schiffahrtspolitik, die Mafsregeln betreffend den Levantehandel centralistisch gewesen, so übersieht er, dafs der Bund in der Regel keine Organe zur Überwachung seiner Mafsregeln besafs und diese Funktionen an provinzielle oder städtische Beamte übertragen mufste, die auch hier ihre partikularistischen Interessen geltend machten. „Es ist traurig, klagt der Bürgermeister Joachim Rendorp, dafs die meisten Regenten sich stets für verpflichtet halten, das Interesse ihrer Provinz oder Stadt über das des Bundes im allgemeinen zu stellen[7]."

---

[1] Über den konservativen Charakter der Umwälzung vgl. P. L. Muller: De staat der vereenigde Nederlanden in de jaren zijner wording 1572 p. 37.

[2] Wie sehr das durch die Utrechter Union geschaffene Staatswesen in der Luft schwebte, zeigt u. a. der Umstand, dafs man in Ungewifsheit war, vor welches Forum die Bundesbeamten gehörten, da die Rechtsprechung provinziell blieb. Vgl. van Zurek: Codex Batavus 1711. p. 419.

[3] Organe der Finanzverwaltung: Generalschatzmeister (Thesaurier Generaal), Generaleinnehmer (Ontvanger Generaal), Generalitätsrechnungskammer, Generalitätsfinanzkammer.

[4] Art. 12 der Utrechter Union. Westerkamp: Das Bundesrecht der vereinigten Niederlande. (1579—1795). Marburg 1890. p. 17. Über die Generalitätsmünzkammer vgl. Westerkamp p. 37.

[5] „Ich würde mit einiger Übertreibung behaupten können, dafs der Niederländer vor 1795 kein Vaterland, sondern nur eine Vaterstadt kannte." P. J. Blok: Eene hollandsche stad in de middeleeuwen 1883. Vorrede.

[6] Schmoller: Studien über die wirtschaftliche Politik Friedrichs des Grofsen, Jahrbuch für Gesetzgebung etc. VIII 1, 45.

[7] Joachim Rendorp: Memorien dienende tot opheldering van het gebeurde geduurende den laatsten engelschen oorlog. Amsterdam 1792, I p. 48.

Den besten Beleg für diese Thatsache giebt die Geschichte der Admiralitätskollegien[1]. Diese wichtige Behörde, der die Erhebung aller Ein- und Ausgangszölle, die Ausrüstung der Flotte, die Rechtsprechung über Prisen und Verbrechen an Bord von Kriegsschiffen, die Strafverfolgung von Zolldefrauden oblag, war eine Brutstätte von Korruption und ein Muster von schlechter Verwaltung. Zur Vermeidung des Einflusses von lokalen Interessen hatte man die Bestimmung getroffen, dafs von den Räten jedes Kollegiums nur vier aus der Provinz, in der das Kollegium seinen Sitz hatte, und die übrigen aus anderen Provinzen gewählt werden sollten. Ferner mufste jeder der Beamten der Admiralität einen Eid leisten, ohne Ansehen der Person und ohne Rücksicht auf das Quartier, in dem er wohnte, in allem zu handeln, und die Kollegien waren gehalten, die Zölle auf Grund gemeinschaftlicher Verordnungen und Listen in gleichmäfsiger Weise zu erheben[2]. Allein was half das alles gegenüber der Allmacht der städtischen Magistrate? Schon 1626 fand eine Untersuchung über die Geschäftsführung der Admiralität an der Maas statt. Eine grofse Anzahl von Räten und anderen Beamten mufste bestraft werden, da sie zum Nachteil des Staates grofse persönliche Vorteile gezogen hatten. Als man infolge ähnlicher Vorkommnisse 1631—36 die Hälfte der Zölle verpachtet hatte, erhob sich hiergegen seitens der Städte, namentlich Amsterdams, eine solche Opposition, dafs man 1637 zu der alten Erhebungsart mit dem bei ihr unvermeidlichen Schmuggel und Betrug zurückkehrte. Die Klagen über diese Übelstände gehen durch das ganze 17. Jahrhundert. Eine Untersuchung im Jahre 1685 bewies, dafs ganze Schiffsladungen geschmuggelt wurden, dafs die Beamten der Admiralitäten hiergegen nicht einschreiten konnten, weil die Regenten der Städte ihnen dies verübelten oder sie auch direkt daran verhinderten[3]. Dazu kam noch, dafs die wichtigsten Ämter für Geld an unfähige Menschen vergeben wurden[4], dafs die Beamten oft in den wichtigsten Fällen nicht zu finden waren[5], dafs die Buchführung liederlich[6]

[1] Die Geschichte der Admiralitätskollegien würde einen der wichtigsten Beiträge zur Wirtschaftsgeschichte der Niederlande bilden. Bisher giebt es kein Werk hierüber, vgl. jedoch P. L. Muller l. c. p. 417. P. H. Engels: De belastingen en de geldmiddelen van den aanvang der republiek tot op heden. 1862. p. 82, p. 59 f. Jacobus Scheltema: Verhandeling over den geest van het plakkaat van 31. Juli 1725, op den ophef der convooijen en licenten. Amsterdam 1816. Kluit: Historie der hollandsche staatsregering III, 97 ff. Mr. D . . . Over de aloude vrijheid van handel en nijverheid 1840, p. 249 ff. van Slingelandt: Staatkundige geschriften IV, 267 f.
[2] Instruktion vom 13. August 1597, Art. 1, Art. 60.
[3] Mr. D . . . p 250.
[4] l c p 252
[5] In Amsterdam waren im Januar 1732 alle Räte und Bediensteten des Kollegiums nicht auf ihren Posten, l. c. p. 259.
[6] l. c. p. 251.

und die Rechnungslegung in Unordnung war[1]. Von einer einheitlichen Zollverwaltung war keine Rede.

Unter diesen Umständen war es nur zu natürlich, dafs ein chronisches Deficit in den Kassen der Kollegien herrschte, dafs ihre Magazine leer waren und die Seemacht des Landes verfiel.

So also sah es in dem Verwaltungszweige aus, der noch am meisten centralistisch organisiert war. Es war dies allerdings keine wunderbare Erscheinung in einem Gemeinwesen, das nach den Worten eines modernen Historikers in ebenso viele Kleinstaaten aufgelöst war, als Städte bestanden[2].

In diesem Ausspruch liegt keine Übertreibung, wenn man bedenkt, dafs in den Generalstaaten für Bewilligung neuer Steuern und andere wichtige Angelegenheiten Einhelligkeit der Beschlüsse erforderlich war und in den meisten Provinzialständen die Majorität sich bei den Städten befand.

In der städtischen Regierung freilich war alles das zu finden, was der Bundes- und selbst der Provinzialregierung fehlte: Vereinigung weitgehender Befugnisse in einer Hand, Straffheit, ein Absolutismus, wie er beispiellos in der Geschichte dasteht. So grofs war die Gewalt der Magistrate sowohl gegenüber der Staatsregierung, als gegenüber den Bürgern[3], dafs ein englischer Gesandter ausrief, selbst der Sultan herrsche nicht unumschränkter[4]. Niemals früher oder später war im Schofse kommunaler Körperschaften eine gröfsere Machtfülle vorhanden als in den holländischen „Vroedschappen" des 17. und 18. Jahrhunderts[5].

Die Zeiten waren längst vorüber, wo die Bürgerschaft oder die Landesherren Anteil an der Stadtregierung nahmen. Im Mittelalter besafs die holländische Kommunalverwaltung nur zwei Organe, den Schout und die Schöffen,

---

[1] Der Generaleinnehmer des Kollegiums zu Rotterdam überlieferte die Rechnungen für 1663 der Generalitätsrechnungskammer am 11. März 1666 und erhielt sie erst am 18. Oktober 1668 zurück. Aitzema VI p. 601. — Jacobus Scheltema: Verhandeling over den geest van het plakkaat van 31. Juli 1725, p. 34 macht auch auf die unzweckmässige Ressorteinteilung der einzelnen Collegien aufmerksam. Overijsel gehörte zum Kollegium von Nordholland, Gelderland zu Amsterdam etc.

[2] Theodor Jorissen: Historische bladen Eerste bundel 1890, p. 222. „Die Regierung der Union sagte der Ratspensionär van de Spiegel, ist nur provinziell und die der Provinzen nur municipal." G. W. Vreede: De Regering en de natie sedert 1672 tot 1795. Amsterdam 1845, p. 112.

[3] Die Stadtregierung hatte das Recht, mifsliebige Bürger zu verbannen, ohne dafs Berufung zulässig war. Resol. St. Holl. 17. Juli 1613. van Zurck: Codex Batavus, p. 59 u. 489.

[4] R. Fruin in seinen Bijdragen N. R. III 5, 235.

[5] Den prägnantesten Ausdruck fand diese Machtstellung in den Worten eines Bürgermeisters, der auf die Frage einer Prinzessin, ob er Edelmann sei, erwiderte: Wir Edelleute? nein, wir sind die Könige des Landes! Groen van Prinsterer, Handboek der geschiedenis 1872 § 532.

der eine der Vertreter des Fürsten, die anderen Vertreter
der Bürger. War es notwendig, so wurden in einzelnen Fällen
eine Anzahl angesehener Bürger um ihren Rat angegangen.
Als die Verwaltung zu kompliziert wurde, um sich mit diesem
Modus zu begnügen, erhielt die Stadtregierung ein neues
Organ, die Vroedschap oder das Ratskollegium, eine Körperschaft von 20—40 Personen, die lebenslang auf ihren Posten
blieben[1]. Allmählich wurden Schout und Schöffen auf polizei-
liche und richterliche Funktionen beschränkt und neben den
von ihr gewählten Bürgermeistern[2] hatte die „Vroedschap"
den gröfsten Einflufs auf die kommunale Verwaltung.

Die Bürgerschaft hatte alle Mitwirkung bei der Wahl
der kommunalen Beamten verloren. Die Statthalter dagegen
hatten als Nachfolger der Fürsten das Recht behalten, auf Grund
einer vom Stadtrat gemachten Vorschlagsliste die Kandidaten
für die Bürgermeister- und Schöffenamt zu nominieren. 1651
aber machten die Staaten von Holland den Städten die Konzession,
ihnen die Wahl dieser Beamten zu überlassen. Obwohl nun
1672, 1747 und öfter das Recht der Magistratsernennung in
die Hände des Statthalters zurückkehrte, so wurde dadurch
die Herrschaft der kommunalen Oligarchie nicht gebrochen.
Es trat lediglich ein Personenwechsel ein, die neuen Inhaber
der Ämter bildeten eine ebenso geschlossene Clique[3], wie
ihre Vorgänger, an eine organische Reform der Stadtverwal-
tung dachte weder Wilhelm III., noch die Oranier des 18. Jahrhunderts.

Schon um die Mitte des 17. Jahrhunderts, zur Zeit als
de Witt die Geschicke der Nation lenkte, traten die Übelstände, die die Omnipotenz der Städte notwendig auf wirt-
schaftlichem, wie auf politischem Gebiet erzeugen mufste, so
lebhaft hervor, dafs eine gründliche wirtschaftlich-politische
Reform erforderlich wurde. Die Verwaltung mufste centra-
listischer gestaltet, die Gilden beschränkt, die Zölle ermäfsigt,
Stadt und Land gleichgestellt, ein liberales Fremdenrecht, die

---

[1] Nach Fruin in seinen Bijdragen III 5, 213 f.

[2] In Amsterdam waren die Bürgermeister auch von dem Stadtrat
nahezu unabhängig. Vgl. Fruin l. c.

[3] Das Mittel, wodurch es wenigen Familien gelang, sich und ihre
Günstlinge in den Besitz aller lukrativen Stellen zu setzen, waren die
sogenannten „Contracten van Correspondentie", d. h. gegenseitige, oft eid-
lich bekräftigte Abmachungen der Stadtregenten, bei eintretenden Va-
kanzen sich die Stimme zu geben. Vgl. J. de Witte van Citters:
Contracten van Correspondentie en andere bijdragen tot de geschiedenis
van het ambtsbejag in de republiek der vereenigde Nederlanden. Haag
1873 und 1874. Man nahm bisher an, dafs diese Vereinbarungen erst
seit dem zweiten Drittel des 17. Jahrhunderts vorkommen. Neuerdings
hat jedoch S. Muller Fz. nachgewiesen, dafs sie nur die Fortsetzung
älterer aus dem Mittelalter überlieferter Mifsbräuche waren. S. Muller
in Fruin Bijdragen 1889 p. 423.

Gleichberechtigung aller Religionsgemeinschaften[1] proklamiert werden, falls die Nation ihre europäische Stellung, Handel und Industrie ihren Flor dauernd behalten sollten. Vielleicht hätte de Witt wenigstens einzelne dieser Forderungen erfüllt, wenn das Staatsruder länger in seinen Händen geruht hätte. Da führte die französische Invasion von 1672 die Oranier zurück und diese liefsen in der Hauptsache alles beim alten[2] — Selbst der hochkonservative oranisch-gesinnte Groen van Prinsterer sagt: „Nicht grofs war der Unterschied der Regierung mit und ohne Statthalter. . . . . . Man (d. h. die Statthalter) versuchte nur selten durch Wiederherstellung und Entwickelung einer nationalen Regierungsform und der Volksrechte eine Reform zu bewirken. Man war mehr auf die Gewinnung von Personen als Verbesserung von Institutionen bedacht. Man eiferte nur, um die Mitwirkung der Aristokratie zu erwerben, keineswegs, um, gestützt auf die Nation, das herrschende Patriciat in die Schranken gesetzlichen und wünschenswerten Einflusses zu weisen." Nicht günstiger als der moderne Geschichtschreiber urteilt über das Haus Oranien ein anderer Freund desselben, der Bürgermeister Joachim Rendorp, in einer vor hundert Jahren erschienenen Schrift. „Wenn man, sagt er, in statthalterlosen Zeiten die Mängel unserer Konstitution, besonders in Bezug auf die Landesverteidigung und alles, was dazu gehört, sowie im allgemeinen eine weitgehende Lässigkeit, oft durch provinzielle Interessen hervorgerufen, erfahren hat, so ist es in dieser Hinsicht nicht viel besser gegangen, wenn wir einen Statthalter hatten[3]". Mehr als einmal gerieten die dynastischen Interessen des Fürstenhauses mit den nationalen Interessen in Widerspruch. Man denke an Moritz' Verhalten bei Abschlufs des Waffenstillstandes mit Spanien, an Friedrich

---

[1] Gegen Ende der Republik schätzte man die Zahl der Angehörigen der reformierten Staatskirche auf 1 150 000, die der Dissenters auf 650 000 Personen. Jorissen: Historische bladen. Nieuwe bundel p. 280.
[2] Der berühmte Jurist Simon van Slingelandt tadelte Wilhelm III. scharf wegen dieser Unterlassungssünde: „Man kann nicht die Bemerkung unterdrücken, dafs der jüngst verstorbene König von Grofsbritannien, bei Lebzeiten Statthalter von fünf Provinzen und Generalkapitän unseres Staates, hätte einen unsterblichen Ruhm und eine wohleingerichtete Republik an Stelle einer Republik voller Fehler hinterlassen können, wäre er ans Werk gegangen, nachdem er in einer unruhigen Zeit an die Spitze der Regierung gelangt und mehr Autorität erworben, als seine Ahnen jemals besessen, um auf ordentliche Weise die Mängel und Mifsbräuche zu beseitigen, die von Anfang der Republik in der Regierung bestanden. . . . . Indessen hat der Fürst bei seinem Tode die Republik mit all denselben Mängeln in der Bundes- wie Provinzialregierung hinterlassen, die er vorgefunden und denen er bei Lebzeiten auf keine andere Weise gesteuert, als durch die grofse Autorität, die er als Statthalter und Generalkapitän besafs, ohne zu bedenken, dafs diese Autorität mit ihm aufhörte." S. das Citat bei Vreede. l. c. p. 17.
[3] Rendorp. l. c. p. 53.

Hendriks Rolle vor Ausbruch des schwedisch-dänischen Krieges 1644—45[1].

Unter Statthaltern, wie unter Ratspensionären sahen die Niederlande glänzende Zeiten. So schenkte eine Reihe von glücklichen Umständen der Republik von 1680—1730 eine Periode gröfsartigster Prosperität. Die alten Mifsstände konnten ertragen werden. Es genügte, die bestehenden rechtlichen Beschränkungen von Fall zu Fall zu suspendieren, wie bei der Einwanderung der französischen Industriellen. — Als aber im zweiten Drittel des 18. Jahrhunderts der Stern der Republik zu sinken begann, die Steuerlast immer höher stieg, die Korruption in der Verwaltung[2] immer mehr zunahm, die städtische Magistratur vollends zu einer engherzigen Familien- und Cliquenherrschaft verknöcherte[3], da wurde eine politisch-wirtschaftliche Neugestaltung ein unabweisbares Bedürfnis.

Unter diesen Umständen entbrannte seit 1747 ein heftiger Kampf zwischen der Statthalterpartei und der Patriotenpartei. Dieser Konflikt drehte sich noch mehr um die Reform der städtischen Behörden, um das Recht der Anstellung der Bürgermeister, um die politischen Rechte der Gilden[4], als um die Schöpfung einer neuen Staatsverfassung. — Ein wichtiges Gebiet wurde der Einwirkung der Stadtregenten entzogen, die Post wurde (in der Provinz Holland) 1747 verstaatlicht[5]. Aber dabei hatte es sein Bewenden. Wilhelm IV., der 1747 unter dem Jubel des Volkes die erbliche Statthalterwürde in allen Provinzen erhalten, war nicht der Mann, um die grofse Reform, die das Land von ihm erwartete, durchzuführen. Er wollte, wie Jorissen sagt, nichts anderes sein als ein Mitregent neben den alten Regenten[6]. „An der Gunst der Oligarchie schien diesem Fürsten von Oranien alles gelegen. Auf sie

---

[1] G. W. Kernkamp: De sleutels van de Sont. Haag 1890, p. 44, 16, vgl. auch p. 290.

[2] Von Unterbeamten wurden grofse Summen erprefst, die sie für ihre Anstellung an die Magistratsmitglieder zu zahlen hatten. Ein Totengräber in Amsterdam zahlte 1000 fl. der Tochter des Bürgermeisters, um einen Posten zu behalten. Hartog: de Patriotten en Oranje 1882, p. 103.

[3] Über die Unordnung und Schwerfälligkeit der kommunalen Verwaltung im 18. Jahrhundert vgl. Koenen: Voorlezingen over de geschiedenis der finantien van Amsterdam, 1855, p. 32 f.

[4] Forderungen der Doelisten 1748: 1) Abtretung der Postverwaltung, die bisher eine ergiebige Einnahme für die Regenten und ihre Kinder gewesen, zur Verfügung des Statthalters. 2) Vergebung der Ämter nur an geborene und naturalisierte Bürger. 3) Wiederherstellung der Vorrechte der Gilden und Schützengenossenschaften. Vreede p. 64.

[5] Vgl. J. W. le Jeune: Het brieven postwezen in de republiek der vereenigde Nederlanden, Utrecht 1851. Durch die Verstaatlichung wuchs der Überschufs, den die Post abwarf. Er betrug von 1752—1802 durchschnittlich 422 350 fl.

[6] Theodor Jorissen: Historische bladen. Eerste bundel 1890, p. 218.

lauschte er, auf sie vertraute er, in ihrer Mitte lebte er[1]. Daher machte er von der Befugnis, die städtischen Magistrate zu ernennen, nur geringen Gebrauch, und dachte gar nicht daran, der Bürgerschaft einen Einfluſs auf die kommunale Verwaltung zu gestatten[2].

Aber auch die Patriotenpartei, zu der die meisten Stadtregenten gehörten, konnte einschneidende Neuerungen nicht durchsetzen. Auch sie muſste auf halbem Wege stehen bleiben, sobald sie sich die Konsequenzen ihrer Forderungen klar machte. Sie eiferte gegen die Tyrannei der Statthalter und verlangte die Gleichheit der Bürger vor dem Gesetz. „Aber dann muſsten alle unterscheidenden Privilegien vernichtet werden, dann konnten in der Provinz Holland nicht mehr 18 Städte und die Ritterschaft die Souveränität ausüben, und die übrigen kleinen Städte, die nichts anderes als die „gloria obsequii" besaſsen, bekamen Anteil an der Regierung. Dann muſste auch das platte Land Vertreter senden... dann durften die Vroedschappen nicht länger ihre eigenen Regenten kooptieren.... dann muſsten alle Ämter offenstehen für jeden ohne Unterschied des Glaubens[3]."

Dazu kam die Schwierigkeit der Aufgabe, man konnte die politische Verfassung nicht umwälzen, ohne die wirtschaftliche Organisation neu zu gestalten. Andererseits konnte man Gilden, Hallen und ähnliche Einrichtungen nicht beseitigen, ohne das mit ihnen eng verknüpfte Stadtregiment aufs tiefste zu erschüttern.

Endlich war keine der Parteien stark genug, um über ihre Gegner dauernd zu triumphieren. Die groſse Masse des Volkes spielte eine mehr passive Rolle in dem Konflikt beider Richtungen. Obwohl es den holländischen Arbeitern jener Zeit nicht an einem gewissen Klassenbewuſstsein fehlte[4], war ihr Interesse an der politischen Aktion gering, hauptsächlich, weil ihre socialen Forderungen an die Stadt, nicht den Staat sich richten muſsten. Für die Erfüllung dieser Wünsche verhieſs aber ein Sturm auf das Rathaus mehr Erfolg, als alle Änderungen in der Stellung der Statthalter und der Generalstaaten. Wenn das Volk „Oranje boven" rief, so hatte das eine mehr negative Bedeutung. Es drückte sich darin weniger, wie Fruin sagt, die Liebe zu den Statthaltern, als der Haſs gegen die Stadtregenten aus.

Wilhelm V., 1766 groſsjährig geworden, war nicht glücklicher als sein Vorgänger[5]. Er konnte nur die Rolle eines

---

[1] Jorissen l. c.
[2] Über die Resultatlosigkeit der Regierung des Statthalters vgl. auch J. E. Heeres: Stad en lande tijdens het erfstadhouderschap van Willem IV. in Fruin Bijdragen. N. R. III 4, 332 f.
[3] Hartog: De Patriotten en Oranje p. 177.
[4] Vgl. Kap. VI.
[5] Vgl. Jorissen: Historische bladen. Eerste bundel p. 251 f.

holländischen Ludwig XVI. spielen. Als er, der Statthalterwürde entsetzt, 1787 mit Hülfe preufsischer Truppen seine patriotischen Gegner besiegt hatte, versöhnte er sich unter Verzicht auf jede Reform mit seinen bittersten Feinden, den Stadtregenten, die, erschreckt über die wachsenden demokratischen Tendenzen der eigenen Partei, ihm die Hand reichten. Die entschiedeneren Elemente der patriotischen Partei wurden verbannt, fast 40 000 gingen ins Exil, von wo sie 1795 mit den französischen Heeren heimkehrten.

Nur unter fremder Einwirkung, nur unter dem überwältigenden Eindruck der französischen Revolution konnte in den Niederlanden der entscheidende Schritt von der alten Stadtwirtschaft zum modernen Staate geschehen, freilich in einem Augenblick, wo diese Umwandelung für die wirtschaftliche Regenerierung des Landes zu spät kam.

I.

Entwickelung des niederländischen Handels im 17. und 18. Jahrhundert.

Es ist schwer, ein Bild von befriedigender Klarheit über den Handel der Niederlande im 17. und 18. Jahrhundert zu erhalten. Tendenziöse Darstellungen, wie die des Sir Walter Raleighs, dem man schon vor 200 Jahren nachsagte, dafs er die Bedeutung des holländischen Handels übertrieben habe, um Jakob I. zu Mafsregeln im Interesse des englischen Handels zu veranlassen[1], haben falsche Vorstellungen hierüber verbreitet.

Von den Angaben über den Umfang des holländischen Handels dürfte Sir William Pettys Aufstellung[2] die zuverlässigste sein, der die Gröfse der holländischen Ausfuhr für seine Zeit auf 12 Millionen £ schätzte, eine Ziffer, die ihre Beleuchtung durch die Thatsache erhält, dafs die englische Ausfuhr erst 1740 die gleiche Höhe erreichte[3]. — Kluit berechnet für das Ende des 18. Jahrhunderts den Gesamtumsatz des holländischen Aufsenhandels (Ein- und Ausfuhr) auf 260—300 Millionen fl.[4].

Sind diese Ziffern richtig, so folgt daraus, dafs die gewöhnliche Auffassung über die Entwickelung des niederländischen Handels und der niederländischen Schiffahrt nicht haltbar ist. Handel und Rhederei sollen bereits zur Zeit des westfälischen Friedens ihren Höhepunkt erreicht haben[5], dann

---

[1] Vgl. La Court: Aanwyzing p. 39.
[2] William Petty: Political arithmetic p. 103.
[3] Cunningham: Growth of english industry and commerce, 1882, p. 467.
[4] Kluit: Lessen over de statistiek der vereenigde Nederlanden (1805) [Handschrift] II, 255.
[5] Laspeyres: Geschichte der volkswirtschaftlichen Anschauungen der Niederländer, 1863, p. 125 f. Vgl. auch van Kampen: Geschichte der Niederlande, II p. 374.

sollen die Navigationsakte Cromwells und die Tarife Colberts von 1664 und 1667 die Republik schwer geschädigt und einen Rückgang ihrer Handelsmacht verursacht haben, der von da an bis zum Ende des 18. Jahrhunderts ununterbrochen andauerte.

Ganz unrichtig ist es, wenn Laspeyres schreibt: „Noch mehr vom Handel ging endlich in dem bald darauf ausbrechenden spanischen Successionskriege mit seinen erneuerten Schiffahrtssuspensionen und Einfuhrverboten französischer Produkte zu Grunde und die Republik wurde zu einem Handelsvolk zweiten Ranges herabgedrückt"[1]. Gerade während der Kriegsjahre von 1701—14 erreichte der holländische Handel eine beispiellose Entwickelung. Nachdem Sir Charles Davenant[2] nachgewiesen, dafs ein Drittel des britischen Exports seinen Weg in den ersten Decennien des 18. Jahrhunderts über Holland nahm, erklärt er ausdrücklich, dafs der Handel der Republik durch den Krieg enorm gewachsen und ihre Unterthanen täglich reicher werden.

Auch nach dem Utrechter Frieden dürfte der niederländische Handel noch zugenommen haben[3], bis der seit 1730 eintretende Rückgang der Industrie auf die Ausfuhr ungünstig zurückwirkte. Wenn jedoch 1751 ein völliger Verfall des Handels konstatiert wurde und der Erbstatthalter Wilhelm IV. im Anschlufs daran seine bekannten Vorschläge zur Hebung der gesunkenen Wohlfahrt entwickelte, so geschah alles dies, wie van der Oudermeulen bemerkt[4], am Ende eines für die Nation unglücklichen Krieges. Schon während des englischfranzösischen Krieges von 1756—62, in dem die Niederlande neutral blieben, waren sie imstande, viel von dem verlorenen Terrain zurückzuerobern. Die Erlaubnis allerdings, ausschliefslich den Verkehr zwischen Frankreich und seinen Kolonieen vermitteln zu dürfen, verlor durch die englische Kaperei an Bedeutung. Wird auch in der Periode von 1763—1780 viel über den Niedergang des Handels geklagt, so werden doch in diesen Friedensjahren noch viele Geschäftszweige geblüht haben. Kluit wenigstens erklärt diesen Zeit-

---

[1] Laspeyres p. 133.
[2] Davenant Works ed. Whitworth 1771, V 436; V 450.
[3] „In den ersten Jahren des 18. Jahrhunderts besafs Holland noch weit mehr Schiffe als England, wie dies schon aus dem Verbrauch des Pechs und Theers in den genannten und einigen andern Handelsstaaten hervorgeht. Britannien und Irland bedurften davon 1000, Frankreich 500, Hamburg, Lübeck und andere deutsche Seestädte ebenfalls 500, Holland aber 4000 Last. Zwar führte das letztere Land einen Teil dieser Materialien wieder nach Spanien, Portugal und Italien aus; doch betrug, wie es scheint, diese Ausfuhr bei weitem nicht so viel als der eigene Bedarf der Republik." (G. v. Gülich: Geschichtliche Darstellung des Handels etc. Jena 1830, I p. 93. Savary (1735) konstatierte, dafs der holländische Handel noch wuchs.
[4] (Van der Oudermeulen): Recherches sur lecommerce, 1778, p. 3.

raum für einen der glänzendsten und glücklichsten in der Geschichte der Republik[1]. Erst der Krieg mit England (1780—83) mit seinen ungeheuren Verlusten versetzte der niederländischen Handelsmacht den Todesstofs. Vor diesen Ereignissen dürfte der niederländische Handel auch in der zweiten Hälfte des 18. Jahrhunderts denselben Umfang gehabt haben, wie in den glänzendsten Jahren des 17. Jahrhunderts, während allerdings der Prozentualanteil des alternden Staates am Welthandel bedeutend gesunken war.

Leider liegen nicht genügende handelsstatistische Daten vor, um die kommerziellen Gewinne und Verluste der Holländer genau zu registrieren. Eine fortlaufende Statistik der Ein- und Ausfuhr ist nicht vorhanden. Es liegen nur die Zolleinnahmen für eine Anzahl von Jahren vor.

Dieselben betrugen bei allen Admiralitätskollegien (ohne die Zölle für den ostindischen Handel):

Jahr	Einnahmen			
1628	1 588 772 fl. [2]			
1642	2 587 828 - [3]			
1660	3 427 190 - [2]			
1662	3 028 856 - [2]			
1664	2 570 145 - [2]			
1668	3 295 539 - [2]			
1670	2 824 717 - [2]			
1680	2 519 408 - [2]			
1682	1 905 132 - [3a]			
1687[4]	3 848 383 -	... 5 st	.. 12 d[5]	
1688[6]	2 457 929 -	... 17 -	.. 2 - [5]	
1689[7]	1 927 350 -	... 9 -	.. 3 - [5]	
1771	4 500 000 - [8]			
1781—85	2 195 588 - [9]			

durchschnittlich

Für das Admiralitätskollegium Amsterdam, dessen Einnahmen stets grösser als die aller übrigen Kollegien zusammen,

---

[1] Kluit: Hollandsche Staatsregering, III 400. Vgl. Rendorp I. 44 ff.
[2] Sickenga: Bijdrage tot de geschiedenis der belastingen in Nederland, p. 242.
[3] Stadtarchiv Amsterdam, L. A. 2. Nr. 7.
[3a] Es fehlen die Einnahmen der Kollegien von Seeland und Friesland.
[4] 1. Oktober 1687 bis 1. Oktober 1688.
[5] Stadtarchiv Amsterdam, L. A. 2. Nr. 7.
[6] 1. Oktober 1688 bis 1. Oktober 1689.
[7] 1. Oktober 1689 bis ultimo Juni 1690.
[8] De Koopman III 242, die ostindischen Zölle inbegriffen.
[9] Sickenga: Bijdrage tot de geschiedenis der belastingen in Nederland p. 242.

liegen folgende Angaben über die Höhe der gewöhnlichen Zölle (ordinaris convooijen en licenten) vor[1].
Dieselben betrugen in den folgenden Jahren:

Jahr.	Einnahmen.			Jahr.	Einnahmen.			
1614	626 780 fl.	10 st	3 d	1635	1 049 062 fl.	6 st	10 d
1615	573 542 -	11 -	0 -	1636	1 146 766 -	4 -	8 -
1616	627 916 -	11 -	7 -	1637	1 182 786 -	12 -	8 -
1617	660 318 -	9 -	18 -	1638	1 075 216 -	19 -	12 -
1618	738 220 -	6 -	4 -	1639	1 046 986 -	9 -	10 -
1619	726 423 -	2 -	8 -	1640	1 071 468 -	7 -	14 -
1620	777 380 -	2 -	7 -	1641	1 180 809 -	3 -	18 -
1621	811 309 -	16 -	11 -	1642	1 249 028 -	8 -	6 -
1622	815 279 -	11 -	17 -	1643	1 356 663 -	8 -	5 -
1623	834 923 -	11 -	15 -	1644	1 162 280 -	9 -	4 -
1624	904 270 -	11 -	6 -	1645	1 098 208 -	10 -	1 -
1625	755 087 -	18 -	5 -	1646	1 267 847 -	10 -	8 -
1626	825 094 -	18 -	5 -	1647	1 204 044 -	17 -	10 -
1627	805 085 -	14 -	6 -	1648	1 409 347 -	9 -	0 -
1628	808 721 -	16 -	0 -	1649	1 401 589 -	10 -	10 -
1629	920 410 -	15 -	9 -	1650	1 999 829 -	2 -	2 -
1630	911 676 -	0 -	14 -	1651	1 241 320 -	8 -	6 -
1631	929 349 -	18 -	4 -	1652	916 981 -	14 -	11 -
1632	954 099 -	3 -	9 -	1653	708 953 -	2 -	7 -
1633	946 285 -	0 -	5 -	1654	1 108 426 -	11 -	0 -
1634	1 097 619 -	3 -	0 -	1655	923 450 -	13 -	4 -

Seit dem Jahre 1655 tritt zu diesen gewöhnlichen Zöllen ein Zuschlag von ⅓ des Betrages[3]. Ferner wird eine Schiffahrtsabgabe unter dem Namen Lastgeld erhoben[4]. Auch sind die Zölle für den ostindischen Handel jetzt in den Angaben mit inbegriffen. Der Betrag aller dieser Zolleinnahmen stellt sich wie folgt:

Jahr.	Einnahmen.			Jahr.	Einnahmen.			
1656	1 925 165 fl.	1 st	10 d	1663	1 986 411 fl.	4 st	14 d
1657	1 724 134 -	0 -	6 -	1664	1 604 041 -	9 -	4 - [5]
1658	1 608 334 -	9 -	10 -	1670	1 758 718 -		
1659	1 249 822 -	4 -	0 -	1672	746 786 - (Kriegsjahr)		
1660	2 139 203 -	16 -	16 -	1682	1 132 958 -		
1661	1 933 034 -	0 -	12 -	1685	1 290 156 -	10 -	12 -
1662	2 005 666 -	15 -	10 -	1687	1 951 301 -	19 -	0 -

[1] Stadtarchiv Amsterdam L. A. 3. Nr. 8.
[2] In diesen Ziffern sind die Zölle für die Einfuhr der ostindischen Kompagnie nicht mit inbegriffen.
[3] Derde verhooging.
[4] Dieselbe betrug von 1652—55: 1 Gulden per Schiffslast bei der Einfuhr, ½ Gulden bei der Ausfuhr. 1655 wurde diese Abgabe auf die Hälfte herabgesetzt. Sickenga: Bijdrage tot de geschiedenis der belastingen in Nederland, p. 156.
[5] Von 1656—64 durchschnittlich 1 853 039 fl.

Die Statistik der Zolleinnahmen ist schon wegen der Änderung der Tarife und des Wechsels in der Erhebungsart der Zölle[1] nur bedingt als Gradmesser der Handelsbewegung zu verwerten, sie reicht aber doch hin, um die Annahme eines seit 1648 beginnenden Handelsverfalls zurückzuweisen, da die angeführten Zahlen den Aufschwung des Handels seit 1660 nach einer vorübergehenden Depression erkennen lassen[2].

So unvollständig auch die handelsstatistischen Ausweise sind, so lassen sie doch eine Thatsache deutlich hervortreten. Der europäische Handel der Niederlande war weit bedeutender als ihr überseeischer. Kluit giebt für das Ende des 18. Jahr-

[1] Von 1631—36 war ¼, seit 1687 die Hälfte des Zollertrages verpachtet.
[2] Für das 18. Jahrhundert zeigt die Statistik der Handelsschiffahrt, dafs wenigstens die holländische Handelsmarine bis zum Ende des Jahrhunderts eine bedeutende Stellung behauptete, wenn auch ein Teil derselben im Dienste des fremden Handels stehen mochte:

Jahr.	Zahl der in den Hafen von Texel eingelaufenen Schiffe.	Zahl der in die Maasmündung und den Hafen von Goeree eingelaufenen Schiffe.	Jahr.	Zahl der in den Hafen von Texel eingelaufenen Schiffe	Zahl der in die Maasmündung und den Hafen von Goeree eingelaufenen Schiffe.
1739	1646	—	1761	1508	—
1740	1643	—	1762	1474	—
1741	1813	—	1772	1794	1456
1742	1591	—	1773	1087	1555
1743	1710	—	1774	1837	1573
1758	1546	—	1775	1689	1514
1759	1514	—	1776	1619	1515
1760	1412	—			

Jahr.	Aus Texel und dem Vlie ausgelaufen.	In Texel und dem Vlie eingelaufen.	Aus dem Hafen von Goeree und der Maas ausgelaufen.	In den Hafen von Goeree und der Maas eingelaufen.
1777	1593	1755	1480	1515
1778	2435	2581	1284	1384
1779	2709	3010	1562	1381
1780	2567	2641	1562	1381
1781	1065	1322	570	489
1782	1068	2040	1080	937
1783	2578	2760	1637	1512
1784	2479	2487	1603	1551
1785	2726	2802	1603	1551
1786	2135	2416	1098	1029
1787	2188	2443	1496	1529
1788	2246	2465	1578	1582
1789	2485	2673	1483	1511
1790	2603	2727	1558	1758
1791	2331	2595	1640	1671

§ 3.

hunderts folgende Zusammenstellung über den Aufsenhandel seines Landes[1].

Handel in der Nord- und Ostsee	55 Millionen fl.	
- mit England	42—44	- -
- - Frankreich	36—38	- -
- - Spanien	26—30	- -
- - Portugal	16—18	- -
- - Italien und im Mittelmeer	12—13	- -
- in der Levante	5—6	- -
Europäischer Handel	157	- -
Handel nach {Ostindien	$33^{1}/_{2}$—36	- -
{Westindien	25—29	- -
Überseeischer Handel	65	- -

Dasselbe Übergewicht des europäischen Handels ist auch im 17. Jahrhundert zu konstatieren. Wenn man allerdings liest, in welchem Grade damals der Gedanke an Indien die Phantasie der Völker entzündete, wenn alle Fürsten jener Zeit bemüht waren, den Holländern nacheifernd, eine Ostindische Kompagnie zu stiften, wenn um den Besitz von Indien in letzter Instanz alle europäischen Kriege geführt wurden[2], so wird man grofse Ziffern erwarten, in denen sich der Verkehr nach jenen Ländern ausdrückt. Wie steht es aber in Bezug darauf in Wirklichkeit? Die Totaleinfuhr der Holländisch-Ostindischen Kompagnie betrug von 1597—1705 305 Millionen Gulden[3] und überstieg niemals 11 Millionen Gulden im Jahre[4]. — 1608 berechnete man, dafs an dem Handel und an der Fahrt nach Indien nicht mehr als 10 000 Menschen Interesse hatten[5]. Die Gesamtausfuhr von Holland nach Westindien betrug in den Jahren 1623—1636 6 994 488 Gulden[6]. Diese Angabe stammt aus der Schrift eines Direktors der Westindischen Kompagnie, die derselbe zur Verherrlichung seiner Gesellschaft verfafste. Man wird daher die angegebene Zahl eher zu hoch als zu niedrig finden.

Werfen wir dagegen einen Blick auf einige Zweige des europäischen Handels. Die Handelsbeziehungen zwischen Eng-

---

[1] Kluit: Lessen over de statistick (Handschrift) II, 255.
[2] Vgl. Louis Pauliat: Louis XIV. et la compagnie des Indes orientales. Paris 1886.
[3] De tegenwoordige staat der vereenigde Nederlanden. Amsterdam 1719. Deel I. Von 1648—1703 gingen 1051 Schiffe nach Indien. Luzac, Hollands rijkdom, III, 113.
[4] Vgl. die Bilanzen der O-tindischen Kompagnie bei de Jonge: De opkomst van het nederlandsche gezag in Oostindie (1872) Band II und III.
[5] Mr. D..., over de aloude vryheid van handel en nijverheid p. 2-3.
[6] Johannes de Laet: Historie ofte jaerlijck verhael van de verrichtingen der geoctroyeerden Westindischen Compagnie. Leyden 1644.

land und den Niederlanden während des 18. Jahrhunderts sind aus folgender Zusammenstellung erkennbar:

I.

Jahr.	Einfuhr von Holland nach England			Ausfuhr von England nach Holland			Überschuſs der Ausfuhr		
	L.	s.	d.	L.	s.	d.	L.	s.	d.
1698—1699	512 599	4—	8³/₄	1 456 142	1—	2¹/₂	943 542	16—	5³/₄
1699—1700	572 072	6—	2¹/₂	1 769 282	16—	2	1 242 210	0	0
1700—1701	521 257	16—	0	2 145 186	19—	8¹/₄	2 623 929	3—	8²/₄
1701—1702	436 422	2—	11¹/₄	1 680 551	18—	4	1 250 129	15—	4³/₄
1702—1703	522 413	9—	7³/₄	2 417 890	0—	11³/₄	1 895 476	11—	4
1703—1704	756 843	3—	11	2 363 275	3—	8³/₄	1 606 931	19—	9³/₄
1704—1705	572 216	5—	2¹/₂	1 726 711	15—	6³/₄	1 154 495	10—	3³/₄
Durchschnitt 1699—1705	549 832	1—	2³/₄	1 937 934	7—	11³/₄	1 388 102	6—	8¹/₂ [1]
1722	561 612	0—	0	2 130 396	0—	0 [2]	1 568 784	0—	0
1756	420 273	0—	0	2 026 772	0—	0 [3]	1 606 499	0—	0

II.

Jahr.	Einfuhr von Holland nach England	Ausfuhr von England nach Holland
Durchschnitt	ℒ	ℒ
1700—1710	588 357	2 146 519
1710—1720	538 021	2 020 172
1720—1730	571 430	1 985 975
1730—1740	495 495	1 867 141
1740—1750	336 488	2 404 559
1750—1760	352 402	1 692 594
1760—1770	444 981	1 894 362
1770—1780	475 466	1 553 143 [3]

Gegenstände der englischen Einfuhr in Holland waren hauptsächlich Wollwaaren, Zinn, Blei, Butter, Korn, aber auch Zucker, Tabak und andere Kolonialwaren, während Holland seine Leinen- und Seidenstoffe, ferner Rheinwein, Stockfisch,

---

[1] Davenant: Works V, 415 f.
[2] Williams: Histoire des gouvernements du Nord. 1780, I, p. 186.
[3] Lüder, Geschichte des holländischen Handels 1788, p. 466.

Krapp, Spezereien, Eisendraht, Kaffee, Thee etc. auf den englischen Markt sandte[1].

Von dem Levantehandel, worunter der Handel mit allen Mittelmeerländern verstanden wird, sagen die Direktoren des Kollegiums des Levantehandels in einer Eingabe an die Staaten von Holland, vom 11. März 1649, dafs derselbe stets als einer der Hauptzweige des vaterländischen Handels gegolten habe[2]. „Dürfen wir das Mittelmeer nicht frei befahren," heifst es in diesem Schriftstück, das Mafsnahmen gegen die Seeräuberei in jenen Gewässern verlangte, „wo sollen wir mit den Waren hin, die von Ostindien kommen, wo soll Haarlem seine Manufakturen lassen, wo Leyden seine Tuche, wo die Seestädte ihren Hering?" Der Schaden, den die französischen Seeräuber den das Mittelmeer befahrenden holländischen Schiffen zugefügt, wird angegeben für die Jahre 1641—1650 mit 7 499 000 Gulden, für 1650 mit 2 348 000 Gulden, für 1651 mit 1 329 000 Gulden[3], Ziffern, aus denen man auf die Gröfse des Handels in jenen Gegenden schliefsen kann[4].

Dafs der holländische Handel und die holländische Schiffahrt auf der Ostsee noch ungleich bedeutender waren, als auf dem südlichen Binnenmeer, ist eine durch zahlreiche Thatsachen gerechtfertigte Annahme. Pieter de la Court[5] versichert, dafs die Holländer mit der Hälfte Schiffe mehr nach Osten (nach der Ostsee) als nach Westen zu fahren pflegen. Fast die gesamte Getreidezufuhr für den Westen und Süden Europas erfolgte über die Ostsee; aus ihren Waldländern kam das Holz und die anderen Materialien für die Schiffe der holländischen Marine[6], und die in das baltische Meer mündenden

---

[1] Joshua Gee: The Trade and navigation of Great Britain, 2 ed. 1730 p. 18 bezweifelt, dafs wirklich die Handelsbilanz zu Gunsten Englands im Hinblick auf die grofse Anzahl von Schmuggelschiffen zwischen England und Holland.

[2] Remonstrantieboek 1627 f. p. 342 (Archiv des Kollegiums für den Levantehandel im Reichsarchiv Haag). Bereits 1631 fuhren 200 der besten holländischen Schiffe auf dem Mittelmeer, l. c. p. 270.

[3] Verzameling stukken betreffende de besoigne in Frankryk (Reichsarchiv).

[4] De navigatie op de straet ende middellandsche zee is een van de principaelste navigatien van alle de andere die wy hier te lande hebben; l. c.

[5] Pieter de la Court: Het welvaren der stad Leyden (1659) ed. Wittewrongel Kap. II, p. 9.

[6] Über einen Plan Colberts, England zu schädigen durch Aufkauf des schwedischen Holzes, vergl. Lettres et negociations de Jean de Witt III 583. Noch gröfsere Bedeutung als der schwedische besafs der norwegische Holzhandel. Die Holzausfuhr Norwegens betrug 1664 240 000 Lasten, etwa ⅓ des heutigen Exports. Holm: Danmark Norges indre historie II, 459. Die Pfähle, auf denen Amsterdam gebaut, waren aus norwegischem Holz, daher pflegte man zu sagen: „Amsterdam steht auf Norwegen". Ludwig Daae: Nordmaends udvandringer til Holland og England i nyere td. Christiania 1880. p. 9.

Ströme hinab kamen Warenmassen aus dem Herzen Polens und Deutschlands. Die Getreideausfuhr von Danzig betrug nach Löschin im Jahre 1649 99 808 Lasten im Wert von 14 Millionen Gulden, die gröfstenteils nach Holland exportiert und auf holländischen Schiffen verfrachtet wurden[1]. Das deutlichste Indicium für den Umfang des holländischen Ostseehandels giebt die Zahl der Schiffe, die den Sund passierten. 1536 sollen 510 holländische Schiffe durch den Sund gegangen sein[2]. 1640 betrug die Gesamtzahl aller diese Meerenge durchfahrenden Schiffe 3450, unter denen sich 1600 holländische befanden, während unter englischer Flagge 430, unter lübischer nur 147 segelten[3]. 1642 machten etwa 1300 Schiffe die Reise von Helsingör nach Holland[4].

So unähnlich das Becken des Mittelmeeres und die Ostsee in ihrer geographischen Konfiguration sind, so ähnlich war die politische und handelspolitische Konstellation in den Küstenländern Süd- und Nordeuropas, mit der die Staatsmänner des 17. Jahrhunderts zu rechnen hatten. In der Ostsee, wie im Mittelmeer, Holland die erste Handelsmacht: hier wie dort bedroht von England; daneben in beiden Meeren eine aufstrebende Grofsmacht: hier Schweden, dort Frankreich[5], beide bemüht, die Alleinherrschaft in den erwähnten Gebieten zu gewinnen; endlich eine Anzahl Kleinstaaten: dort die italienischen Fürstentümer und Handelsrepubliken, hier Dänemark, Brandenburg, Polen und Holstein[6].

---

[1] Die eigene Getreidekonsumtion der Niederlande wurde 1630 auf 40 000 Lasten 1 200 000 Hektoliter geschätzt. (Nykerke.) Klarer Bericht etc. wie und auf was weise die gegenwärtige Teurung könne remediert werden etc. 1630. Wahrscheinlich war der Verbrauch jedoch höher, da man 1697 die Getreidekonsumtion Amsterdams auf 10 750 Lasten berechnete. Bunk: Staathuishoudkundige geschiedenis van den Amsterdamschen graanhandel 1856 p. 107.

[2] J. A. Fridericia: Danmarks ydre politiske historie i tiden fra Freden i Prag til freden i Brömsebro, 1881, p. 208.

[3] Die Zahl der den Sund passierenden Schiffe ist nicht mit der Zahl der beim Ostseehandel gebrauchten Schiffe identisch. Da ein Schiff für die Reise von Holland nach den Ostseehäfen 7—8 Wochen brauchte und zwei, drei, selbst vier Fahrten im Jahre unternahm, so ist die letztere Ziffer wesentlich kleiner. Vgl. Elink Sterk: Nederlands scheepvaart en scheepsbouw in den ouden tijd. Staatkundig en staathuishoudkundig jaarboekje 1854 p. 370 und G. W. Kernkamp: De sleutels van de Sont 1890 p. 284.

[4] Kernkamp l. c. p. 286.

[5] Betreffs Frankreich sei nur an den von Leibnitz gemachten Vorschlag der Occupation Ägyptens erinnert.

[6] Die Stellung der um die Ostseeherrschaft konkurrierenden Mächte wurde von dem wolffenbüttelschen Kanzler Schwarzkopf gut charakterisiert: „Dänemark denkt nur an den Sund, Polen an seine Libertät, Holland an seinen Profit." Köcher: Geschichte von Braunschweig-Hannover, 1884. I, 217.

Während aber das Mittelmeer sich nicht von einem Punkt aus beherrschen läfst, (England hat selbst nachdem es Gibraltar besetzt, eine Anzahl weiterer Sperrpunkte zu gewinnen gesucht), hat die Natur die strategische und kommerzielle Beherrschung der Ostsee auf eine Meeresstrafse, den Sund, konzentriert[1]. Daher kann es nicht Wunder nehmen, dafs die Besitznahme der Ostseepforte das Kampfziel jeder in diesem Meere politisch interessierten Nation wurde. — Schon Philipp II. trachtete danach, mit List oder Gewalt des Sundes sich zu bemächtigen[2]. Sein Plan, Dänemark im Verein mit Schweden und Polen mit Krieg zu überziehen und den Sund den holländischen Ketzern zu verschliefsen, kam jedoch nicht zur Ausführung. Im Jahre 1595 wurde eine spanische Gesandtschaft vom Erzherzog Ernst in Brüssel nach Dänemark gesandt[3], um zu bewirken, dafs der Sund für die niederländische Flotte verschlossen würde. — Die kühnen Pläne Wallensteins sind bekannt[4]. — Der französische Diplomat Chanut hat von einem noch grofsartigeren Versuch berichtet, die Ostseeherrschaft den Holländern zu entreifsen[5]. Demnach wären Dänemark, Spanien und der Herzog von Holstein-Gottorp im Jahre 1638 eins geworden, Schweden zu besetzen und die holländischen Schiffe für immer von der Ostsee auszuschliefsen. Nicht genug damit, wollten sie sich des persischen Seidenhandels bemächtigen. Dieser sollte fortan seinen Weg durch Moskovien nehmen, und mit Vermeidung des Sundes ein Kanal durch das Herzogtum Holstein zur Nordsee führen. (Nordostseekanal.) Der Plan scheiterte angeblich infolge der Niederlage der spanischen Flotte bei Dünkirchen 1639[6].

Die dänischen Könige hatten schon frühzeitig die Wichtigkeit des Sundes erkannt und durch Erhebung von Zöllen aus dieser Situation finanzielle Vorteile gezogen[7]. Ursprünglich

---

[1] Die bekannte, fälschlich C. van Beuningen zugeschriebene Aufserung, auf der Reede von Amsterdam lägen die Schlüssel des Sundes, findet sich in Wirklichkeit schon in der 1627 erschienenen Schrift des Christianus de Pors, Classicum paciferum Daniae. Vgl. Fridericia I, 81 und Kernkamp p. 336. — Die Fahrt durch den grofsen und kleinen Belt hatte wegen ihrer Gefährlichkeit keine Bedeutung.
[2] Fruin: 10 jaren uit den tachtigjarigen oorlog. 1861, p. 14.
[3] Historisk tidskrift 1885 p. 661.
[4] Droysen: Gustav Adolf I p. 283 f.
[5] Recueil des instructions données aux ambassadeurs de France depuis les traités de Westphalie jusqu'à la révolution française c. Suède par A. Geffroy. Paris 1885. XXXIV f. Auch Basnage: Annales des Provinces unies I, 197 hat diese Erzählung. Vgl. jedoch Fridericia II, 123.
[6] Auch in den Plänen Ludwigs XIV. gegen Holland spielte die Schliefsung des Sundes eine Rolle. „Was aber betrifft die Handlung, so sie auf der Ostsee haben, so ist die Schliefsung des Sundes ein unfehlbares Hindernis und Mittel, welches ihnen verwehren kann, dieselbe ferner zu geniefsen." Die Mittel der Crone Frankreich den Kaufhandel der Holländer zu verterben. 1672.
[7] „Die Frage des dominium maris baltici war neben allem anderen

ein Schiffszoll, wurde der Sundzoll seit der Mitte des 16. Jahrhunderts auch von Waren erhoben[1]. Die Zolleinnahme wuchs daher beträchtlich[2] und betrug im Jahre 1568 103 700 Rijksdaler und 1567 132 500 Rijksdaler. Im 17. Jahrhundert waren die Beträge nicht unwesentlich gestiegen, wie aus folgenden Zahlen ersichtlich:

Jahr.	Zahl der den Sund passierenden Schiffe.	Zolleinnahmen.
1627	3187	108 706 Rdl.
1628	2324	77 258 -
1629	2747	255 719 -
1630	2323	121 593 -
1631	3365	293 789 -

Diese Einnahme war jedoch für das finanzielle Bedürfnis Christians IV. keineswegs ausreichend. Zollerhöhung folgte auf Zollerhöhung[3], und was noch wichtiger war, eine strenge Visitation der Schiffe wirkte der Zolldefraude entgegen. Betroffen wurden von dieser Mafsregel in erster Linie Schweden und Holland. Zwar besafs das erstere von altersher Zollfreiheit im Sunde[4], aber dieselbe erstreckte sich nicht auf von Riga und Pernau[5] kommende Schiffe, und praktisch war diese Zollfreiheit nur von sehr geringer Bedeutung. Fast die gesamte schwedische Ein- und Ausfuhr geschah auf holländischen Schiffen[6]. Von 1637—1643 passierten nur 90 schwedische Schiffe den Sund.

Holland beantwortete die dänische Zollerhöhung durch ein Verbot des Handels mit Dänemark (1640)[7]. Zwar liefs sich diese Mafsregel nicht aufrecht erhalten, allein die dänische Zollpolitik[8] war die Ursache, dafs die Generalstaaten in dem Kriege zwischen Dänemark und Schweden (1644—45) sich

---

vornehmlich eine Frage der Finanz- und Zollpolitik." Erdmannsdörfer: Deutsche Geschichte vom westfälischen Frieden bis zum Regierungsantritt Friedrichs des Grofsen, p. 221.
 [1] Scherer: Der Sundzoll. Berlin 1845. F. P. van der Hoeven: Bijdrage tot de geschiedenis van den Sondtol. Leyden 1855.
 [2] Heise: Historisk tidsskrift, Kopenhagen 1885, p. 390.
 [3] 1638 wurde der Rosennobelzoll (Schiffszoll) um 1/3 und mehr erhöht. Die Erhöhung des Warenzolls betrug bei einzelnen Positionen das 3fache, 6fache und 8fache. Fridericia II, 213.
 [4] Dänemark besafs dafür Zollfreiheit in Schweden. Letzteres verzichtete erst 1720 auf die Sundzollfreiheit.
 [5] Rigas Ausfuhr überstieg beträchtlich die von Stockholm, dessen Handelsflotte 1651 nur 49 Schiffe mit 6619 Lasten zählte. Der Gesamtwert der schwedischen Ein- und Ausfuhr betrug 1640 ca. 9½ Millionen Rdl. Hierzu trug Riga allein 3 Millionen Rdl. bei. Odhner: Sveriges inre historia, 1865, p. 290.
 [6] Usselinx erklärte, alle schwedische Kaufleute seien noch nicht so reich, wie drei Kaufleute in Holland. Franklin Jameson: Willem Ussellinx, New York 1887, p. 94.
 [7] Gr. Plakaatboek II, 462 und 478.
 [8] Über die Streitigkeiten zwischen Dänemark und den Niederlanden

letzterer Macht zuneigten[1], und 28 niederländische Kriegsschiffe im Hafen von Kopenhagen vor Anker gingen.

Der Friede von Bromsebro endigte die Feindseligkeiten mit Schweden. Die sieben Provinzen schlossen am 13. August 1645 einen Separatvertrag mit Dänemark, den Vertrag von Christianopel[2].

Zunächst wurde festgesetzt, dafs der Sundzoll fortan während der nächsten 40 Jahre nicht erhöht werden und dafs alle Nebenzölle in Wegfall geraten sollten. Artikel IV bestimmte, dafs keinerlei Waren von einem Verbot, den Sund zu passieren, getroffen werden sollten. Holländern gehörige Waren, die in fremden Schiffen verfrachtet wurden, wurden nicht höher besteuert. Die übrigen Artikel des Traktats bezogen sich auf die Zölle in Glückstadt und Norwegen. Die Zollsätze selbst waren verhältnismäfsig niedrig, sie betrugen nur für wenige Artikel mehr als 1 Prozent vom Wert[3].

Die Wirkung des neuen Tarifs machte sich bald in den Zolleinnahmen geltend. Andererseits brachte es die allgemeine politische Lage mit sich, dafs eine Annäherung zwischen Dänemark und den Niederlanden sich anbahnte. Schweden, im deutschen Kriege siegreich, war in den Besitz einer grofsen Anzahl von Ostseehäfen gelangt, und drohte, die fremde Schiffahrt aus diesen Gewässern zu verdrängen. Dänemark, der Stütze des Kaisers, Spaniens und Karls I. von England beraubt, konnte nur bei den Niederlanden Anlehnung suchen. Unter diesen Umständen kam eine Defensivallianz zwischen beiden Mächten zustande, die jeden Bundesgenossen verpflichtete, dem angegriffenen Teile mit 4000 Mann Truppen oder einer entsprechenden Flottenmacht zu Hilfe zu kommen. Auch wurde der Sundzoll neu geregelt.

Durch den Redemptionsvertrag vom 9. Oktober 1649[4] kauften die Holländer sich von der Verpflichtung, Zölle im Sund zu zahlen, gegen Zahlung einer Summe von 350 000 Gulden auf die Dauer von 36 Jahren los. Aufserdem wurden 750 000 Gulden dem Könige von Dänemark vorgeschossen, die in fünfzehn Jahresraten à 50 000 Gulden zurückgezahlt werden sollten[5]. Anscheinend sicherte dieser Vertrag den Niederländern grofse Vorteile, in Wirklichkeit hatte man jedoch einen groben Rechenfehler begangen. Um einen Anhalt für

---

wegen des Walfischfangs in Spitzbergen vgl. S. Muller: Geschiedenis der noordsche Compagnie, Utrecht 1874, Kap. 7.
[1] Über die Haltung der Niederlande in diesem Kriege handelt ausführlich Kernkamp in der erwähnten Schrift.
[2] S. d. Vertrag bei Aitzema: Saecken van staet en oorlogh, Buch 45, p. 13. Luzac: Hollands rijkdom III, Beilage II.
[3] S. d. Zollrolle bei Scherer l. c.
[4] Aitzema Bch. 29 p. 335, van der Hoeven p. 110.
[5] Aitzema Bch. 29 l. c.

die Bedeutung des Sundzolls zu haben, hatte man die im Verkehr mit Dänemark in den Niederlanden erhobenen Ein- und Ausfuhrzölle feststellen lassen, hatte hierbei jedoch die nach der Ems, der Weser und Elbe exportierten Waren mitgerechnet. So kam man dazu, für die Ablösung 350 000 Gulden zu zahlen, während der Sundzoll in den Jahren 1646 und 1647 nur 251 219 und 125 109 Gulden im ganzen betragen hatte. Der Vertrag wurde erst am 3. März 1651 ratifiziert und nachdem man den Rechenfehler bemerkt hatte, durch den Rescissionsvertrag vom 26. September 1653 aufgehoben[1].

Bald bot sich jedoch eine Gelegenheit, die Stellung, die die Kopflosigkeit der holländischen Staatsmänner verscherzt hatte, wiederzugewinnen. Man weifs, wie Karl X. Gustav von Schweden erst Polen, dann Dänemark mit Krieg überzog und Friedrich III. im Frieden von Roeskilde zur Abtretung mehrerer Provinzen nötigte[2].

Hatten die vereinigten Provinzen auf Grund der mit Dänemark 1649 und 1657 geschlossenen Verträge das Recht erhalten, mehrere Kriegsschiffe durch den Sund zu schicken, so wurde durch den Frieden von Roeskilde jeder fremden Flotte der Eintritt in die Ostsee verboten.

Jetzt mufsten die Niederlande eine energische Haltung in der Ostseefrage annehmen.

Am 18. Oktober 1657 wurde beschlossen, 600 000 Gulden à 5 Prozent an Dänemark zu leihen, unter formeller Verpfändung aller norwegischen und Sundzölle[3], am 25. Januar 1658 wurden weitere 400 000 Gulden an Dänemark vorgeschossen. Als aber im August 1658 Schweden die Feindseligkeiten aufs neue aufnahm, sandten die Generalstaaten eine starke Flotte nach der Ostsee, die Ende des Jahres Kopenhagen entsetzte.

Trotzdem konnte die Republik die Früchte ihres Sieges nicht ernten. Die Rücksicht auf Frankreich und England, mit denen sie auf Grund des Haager Traktats vom 21. Mai 1659 zwischen den beiden skandinavischen Mächten den Frieden vermittelte, zwang sie zur Zurückhaltung. So blieb denn die Abmachung von Christianopel in Kraft[4], der Versuch, das Monopol des Ostseehandels zu erobern, war fehlgeschlagen.

---

[1] Aitzema, Beh. 33 p. 844. Über Schriften gegen den Abschlufs dieses Vertrages vgl. Laspeyres p. 225.
[2] Eine Darstellung der erwähnten Ereignisse giebt Vaillant: De partibus in mari Baltico a republica Batava actis, 1841.
[3] Secrete Resolutien Staten Holland I, 561 f.
[4] Der Zolltraktat vom 15. Juni 1701 bestätigte im wesentlichen die Bestimmungen des Vertrages von 1645. Nur sollten die in letzterem nicht besonders aufgeführten Waren 1 Prozent vom Wert zahlen. S. den Vertrag bei Scherer, Beilage 6.

Da England und andere Staaten in ihren Handelsverträgen mit Dänemark das Recht der meistbegünstigten Nation erlangten, und Schweden 1720 seine Sundzollfreiheit aufgab, so hörte der Zoll auf, ein ausschlaggebendes Moment für den Ostseehandel zu sein. Die Schiffe aller Nationen bezahlten fast den gleichen Betrag[1], nur die preufsischen Schiffe blieben benachteiligt[2].

Neben der ökonomischen Entwickelung der betreffenden Staaten im allgemeinen gab ihre Teilnahme an kriegerischen Ereignissen und die Rechte, die die neutrale Flagge genofs, die Entscheidung, welche Nation den Hauptanteil am Ostseehandel erhielt.

Durch den mit Schweden zu Nymwegen geschlossenen Handelsvertrag vom 2. Dezember 1679 hatten die Niederlande dem Grundsatz „frei Gut, frei Schiff" Anerkennung verschafft, dennoch litt ihr Handel während des nordischen Krieges unter den schwedischen Kapereien, bis 1715 zwölf niederländische Kriegsschiffe ihre Breitseiten zeigten. Allerdings hatten die Niederlande selbst das Kriegsrecht gemifsbraucht, indem sie 1689, entgegen den Verträgen, jedes neutrale Schiff, das sich den französischen Küsten nähern würde, für gute Prise erklärten. Die Antwort war die Beschlagnahme mehrerer holländischen Schiffe im Sunde von seiten Dänemarks und die bewaffnete Defensivallianz dieses Staates mit Schweden vom 17. März 1693, der Vorläufer der bewaffneten Neutralität von 1780[3].

Durch den nordischen Krieg wurde Schweden gewaltig zurückgeworfen, es verlor über 100000 Einwohner[4], seine Handelsflotte betrug nur noch ¹/₄ ihres Bestandes. Destomehr gewann Dänemark während des 18. Jahrhunderts an ökonomischer Bedeutung. Es rifs nicht nur einen grofsen Teil des Ostseehandels an sich, sondern machte auch im Mittelmeer und in Westindien den Holländern eine gefährliche Konkurrenz[5].

Die Niederlage Karls XII. führte eine neue Macht an die baltischen Gestade. Allein obgleich die Niederlande es waren,

---

[1] Anderson: Geschichte des Handels, Riga 1773, 7, 8.
[2] Schmoller: Studien über die wirtschaftliche Politik Friedrichs des Grofsen. Jahrbuch VIII, 2 p. 47.
[3] Bergbohm: Die bewaffnete Neutralität. Berlin 1884, p. 48.
[4] Schwedens Einwohnerzahl nach Axelson:

1697	1 376 000	Personen.
1718	1 247 000	

[5] Luzac: Hollands Rijkdom IV, 302. Aanmerkelyk zyn de progressen van den koophandel van Hamburgh niet minder remarquabel zyn die van het keninghryk Denemarken sedert korte jaren. Vorstel van den stadthouder Willem IV. tot opbeuring van den koophandel 1751: Sloet Tijdschr. 1, 109. Es wird hier die Furcht ausgesprochen, dafs die Dänen sich ganz zu Herren des Ostseehandels machen würden. 1771 heifst es bereits, die Dänen hätten sich ganz und gar des Ostseehandels bemächtigt. De Koopman, III, 280.

die Rufsland „den Dreizack in die Hand drückten", so waren doch die Vorteile für ihren Handel nicht so bedeutend, als die Freundschaft des Zaren erwarten liefs[1]. Durch die Gründung von St. Petersburg verlor Archangelsk an Bedeutung und der Handel in Juchten, Talg, Pelzwerk, der bis dahin über das Weifse Meer durch die Hände der Holländer gegangen war, wandte sich direkt von Petersburg nach Danzig, Lübeck und anderen deutschen Plätzen[2]. — Den Löwenanteil gewann auch im Handel mit Rufsland England, das dank der Entwickelung seiner Manufaktur im 18. Jahrhundert immer mehr der Hauptmarkt für alle nordischen Rohprodukte, für russischen Hanf, Flachs, Talg, wie für schwedisches Eisen, Kupfer, Holz wurde. Die russische Ausfuhr nach England betrug 1781 8 653 084, nach Holland nur 110 209 Rubel. 1640 kam aus den Niederlanden die Hälfte der schwedischen Einfuhr, 1769—1776 nur $^3/_6$—$^1/_7$ derselben[3]. 25—33$^1/_3$ Prozent des schwedischen Exports gingen in den erwähnten Jahren nach England und nur ca. 10 Prozent nach Holland.

Diese Einbussen im schwedischen, dänischen und russischen Handel bewirkten, dafs der Ostseehandel der Holländer 1783 sich um die Hälfte vermindert hatte[4].

Der Rückgang des Ostseehandels zog aber auch den Verlust des südeuropäischen Handels nach sich, da die Holländer die nordischen Rohprodukte, mit denen sie die Mittelmeerländer versorgten, anderweitig nicht erhalten konnten.

[1] Vgl. J. C. de Jonge: Geschiedenis van het nederlandsche zeewezen 2. drnk III, 542.
[2] Dieser Umstand wird betont in Memorie betreffende het verval der commercie (Stadtarchiv Amsterdam L. C. 3, No. 6).
[3] Odhner: Sveriges inre historia p. 291. J. Fr. Nyström: Bidrag till svenska handelns och näringarnas historia. Akademisk Afhandling. Upsala 1884, p. 143.
[4] Für die letzten Jahre des 18. Jahrhunderts giebt folgende Zusammenstellung ein Bild von der Bedeutung des Handels der die Ostsee befahrenden Nationen. Zahl der den Sund passierenden Schiffe:

Jahr	Englische	Holländische	Dänische	Schwedische	Preussische
1780	—	2080	—	—	—
1781	2025	55	1588	—	—
1784	3172	1366	1691	2170	1421
1785	2535	1571	1789	2136	1358
1790	5788	2009	1559	—	—
1793	3478	807	1053	—	—

Kluit Lessen over de statistiek, 1805 (Handschrift) II, 250. M. d'Hangest Baron d'Yvoy van Mijdrecht: Frankrijks invloed op de buitenlandschen angelegenheiden der voormaligen nederlandschen republiek. 1858, p. 59. v. Gülich I, p. 387.

II.

Die Organisation des niederländischen Handels.

Der Kleinhandel und die Binnenschiffahrt blieb wie das Handwerk in der ganzen, von uns betrachteten Periode gildenmäßig organisiert. Beispiele solcher Gilden, die unter Aufsicht der städtischen Behörden standen, sind die Grofs- und Kleinkrämergilde in Amsterdam[1], die Lotsen- und Binnenschiffergilde. Aber auch der auswärtige Handel mußte ursprünglich sich denselben Schranken unterwerfen. Als Überreste jener älteren Organisation sind die Bergenfahrergilde in Amsterdam und die Schonenfahrergilde in Haarlem[2] zu erwähnen.

Als aber Anfang des 17. Jahrhunderts eine grofse überseeische Schiffahrt sich zu entwickeln begann, in Indien die Eroberung neuer Welten, die Erbeutung ungeheurer Reichtümer winkte, da erwiesen sich die alten Formen als zu enge. Die grofsen Kapitalien, die die Fahrt und der Handel nach jenen fernen Ländern erforderte, wie das grofse Risiko, machten die genossenschaftlich gebundene wie die freie Einzelunternehmung gleich unmöglich. Daher entstanden die grofsen Gesellschaften, wie die Ostindische, die Westindische, die Nordische Compagnie[3]. An dieser Stelle wurde die alte Stadt-

---

[1] Groot Kraamersgilde, Kleinkraamersgilde. Bei letzterer brauchten die Mitglieder keine Bürger zu sein.
[2] Dieselbe bestand bis in das 18. Jahrhundert.
[3] Da wir aus Erfahrung wissen, dafs ohne gemeinsame Hülfe, Assistenz und Mittel einer General-Compagnie der Handel in den bezeichneten Gegenden nicht kann getrieben, geschützt und aufrecht erhalten werden, in Anbetracht der grofsen Gefahr von Seeräubereien, Plünderungen und ähnlichem, die auf so grofsen weiten Reisen vorfallen etc. Aus der Einleitung zum Oktroy der Westindischen Compagnie vom 3. Juni 1621.

wirtschaft zuerst gesprengt. Es waren nicht mehr die Kaufleute einer Stadt, sondern der ganzen Nation, die für gemeinsame Rechnung Handel trieben. Aber wenn die Errichtung der Compagnieen einen principiellen Widerspruch gegen die lokale Wirtschaftsorganisation bedeutet, die den Niederlanden eigentümlich war, im einzelnen lassen sich auch hier die Einflüsse derselben konstatieren. Dies zeigt sich schon in den nach Städten gesonderten Kammern, aus denen sowohl die Ost- wie die Westindische Gesellschaft bestand[1], sowie aus dem Umstande, dafs für jede Kammer besondere Aktien ausgegeben wurden. Ferner hatten die Bürgermeister der Städte, in denen die betreffenden Kammern ihren Sitz hatten, das Recht der Ernennung der Direktoren, nachdem die Hauptaktionäre eine gröfsere Zahl von Kandidaten vorgeschlagen. Erst seitdem der Erbstatthalter Wilhelm IV. zum Oberdirektor beider Compagnieen ernannt worden, wurde auch hier der Einfluß der Stadtregenten gebrochen.

War auch bei den übrigen Handelszweigen das Risiko nicht so grofs wie im indischen Geschäft, und konnte daher von der Errichtung monopolistischer Compagnieen Abstand genommen werden, so kam doch meistens auch hier nicht die freie, durch keinerlei gesetzliche Bestimmungen beschränkte Privatunternehmung zur Herrschaft. Der Grund lag hauptsächlich in der Unsicherheit der damaligen Schiffahrt. In Kriegszeiten schützte auch die neutrale Flagge nicht immer vor Kapereien, und in Friedenszeiten wimmelten fast alle Meere von afrikanischen, biskayischen, und dünkirchener Seeräubern. Kauffahrteischiffe konnten nur unter dem Geleit von Kriegsschiffen segeln, falls sie nicht, in Admiralschaft fahrend, Geschütze an Bord, selbst ihre Verteidigung übernahmen.

Aus diesen Bedürfnissen ist hauptsächlich die 1625 erfolgte Errichtung des Kollegiums für den Levantehandel hervorgegangen. Dasselbe war, wie die Compagnieen, in Kammern gegliedert, an deren Spitze acht der erfahrensten Kaufleute standen[2]. Auch hier also wieder lokale Organisation, da die Bürgermeister das Ernennungsrecht hatten! Nur der Sekretär des Kollegiums wurde seit 1696 von den Generalstaaten berufen. Die wichtigsten Bestimmungen, denen sich die nach der Levante handeltreibenden Kaufleute zu unterwerfen hatten, waren, dafs ihre Schiffe in Admiralschaft fahren und mindestens 180 Last Inhalt, 50 Matrosen Bemannung und 24 Fünfpfünder

---

[1] 6 Kammern der Ostindischen Gesellschaft: Amsterdam, Seeland, Delft, Hoorn, Rotterdam, Enkhuysen. 5 Kammern der Westindischen Kompagnie: Amsterdam, Seeland, Maas, Stadt und Land, Nordquartier.
[2] Canneman: De mercatura Batavorum Levantica. Haag 1839, p. 44 ff.

haben mufsten[1]. Einem einzelnen Schiff wurde nur erlaubt, die Fahrt zu unternehmen, wenn es mit 70—80 Mann und 30—36 Geschützen versehen war. Die Ausführung dieser Bestimmungen wurde unter anderem dadurch gesichert, dafs Assekuranzverträge für Schiffe, die nicht in der angegebenen Weise ausgerüstet, für ungültig erklärt wurden. Merkwürdigerweise finden wir auch hier, wie bei der Ostindischen Compagnie, die Übertragung staatlicher Hoheitsrechte an eine kaufmännische Korporation. Das Kollegium für den Levantehandel erhielt das Recht der Anstellung von Konsuln in der Türkei, die hier auf Grund der Kapitulation von 1612 über die niederländischen Unterthanen Recht zu sprechen hatten. Ebenso, wie die Konsuln, wurde auch der niederländische Gesandte in Konstantinopel zum Teil von dem Kollegium besoldet. Zur Deckung dieser und anderer Unkosten hatten die Direktoren das Recht, gewisse Steuern von den im Levantehandel thätigen Kaufleuten zu erheben. Hierher gehört das Levanterecht, eine Abgabe von 1 Prozent, die von allen aus der Levante stammenden Gütern, mochten sie nun direkt oder indirekt importiert sein, erhoben wurde. Die bedeutendste Steuer war das sogenannte Lastgeld. Seit dem Jahre 1625 wurden nämlich von jeder Schiffslast 4, seit 1630 20 stuiver erhoben, von denen ⅔ der Besitzer der verfrachteten Güter, ⅓ der Schiffer zu zahlen hatte. Bei Hinterziehung der Abgabe wurde der dreifache Betrag erhoben. Auch fremde Schiffer wurden, wenn sie holländische Häfen anliefen, in gleicher Weise besteuert. Die Steuerquittung mufste in allen Häfen dem niederländischen Konsul vorgelegt werden. Die Höhe dieser Steuer wurde so drückend empfunden, dafs sie 1659 auf die Hälfte herabgesetzt wurde. 1722 stieg sie auf 40 stuiver, wurde aber bereits 1725 auf den ursprünglichen Satz ermäfsigt. — Alle Steuern des Kollegiums wurden von den staatlichen Zollbeamten vereinnahmt und dann erst an die Finanzbeamten der Direktoren (Ontvanger) abgeführt.

Denselben Typus, wie das Kollegium für den Levantehandel, hatte auch die Kammer zur Direktion des moskovischen Handels[2], nur dafs dieselbe lediglich auf Amsterdam beschränkt blieb. Vier bis fünf der mit Rufsland handeltreibenden Kaufleute wurden von den Bürgermeistern mit der Leitung und Beaufsichtigung dieses Geschäftszweiges betraut. Dieselben erhielten ebenfalls das Recht, gewisse Abgaben von den aus Rufsland eingeführten Waren zu erheben[3].

---

[1] Placaet opte groote equipagie, monture ende admiraelschappen der schepen varende door de strate van Gibraltar, 8. März 1663.
[2] Dieselbe wurde 1698 errichtet. Wagenaar, Amsterdam V, 3, 545. Scheltema: Rusland en de Nederlanden II, 318.
[3] 1717 und 1723 erhielten die Direktoren das Recht, ½ Prozent von

Ähnliche Funktionen lagen auch den Direktoren für den Ostseehandel (Directeuren van de oostersche handel), die seit 1689 in den Städten Amsterdam und Hoorn vom Magistrat ernannt wurden, ob.

Auch die Fischerei in Grönland und der Davisstraße unterstand einer von den Interessenten gewählten Behörde (Gecommitteerden uit de Groenlandsche vissery), die unter anderem Verordnungen über das Bergen von Gütern bei Schiffsunglücken erliefs.

allen Gütern, die von St. Petersburg kamen oder nach dort gingen, zu erheben.

III.

Blüte und Verfall der niederländischen Industrie.

Auf dem Bild einer holländischen Stadt aus dem 16. und 17. Jahrhundert bemerkt man aufser einigen Kirchen, Hospitälern und dem sie alle überragenden Stadthaus kaum ein hervorragendes Gebäude. Schon daraus kann man schliefsen, dafs damals grofse Manufakturen, d. h. geschlossene, einem Unternehmer gehörige Etablissements nicht vorhanden waren. In der ganzen Industrie herrschte Kleinbetrieb. Bestanden doch für die meisten Gewerbe gesetzliche Bestimmungen, die nur die Verwendung einer bestimmten Anzahl von Arbeitern oder Werkzeugen gestatteten. So war es in Amsterdam den Leinewebern untersagt, mehr als drei Webestühle in Thätigkeit zu setzen, ein Verbot, das, 1589 erlassen, erst 1657 fiel[1]. Die Hutmacher derselben Stadt durften nicht mehr als sechs, seit 1631 acht Gesellen halten[2]. Den Tuchbereitern von Amsterdam war eine Zahl von zehn Gesellen als Maximum vorgeschrieben, während sie in Leyden nicht mit mehr als fünf Tischen mit sechs Gesellen arbeiten durften. Eine gleiche Tendenz liegt vor, wenn in Amsterdam den Schuhmachern, Bandwebern und Schmieden befohlen wird, ihr Geschäft nur in einer Werkstatt zu betreiben[3]. Je kleiner der Ort, desto weiter scheint man in dieser Richtung gegangen zu sein. In Groningen wurde 1630 den Kürschnern untersagt, mehr als zwei Gesellen und einen Lehrling zu beschäftigen[4], während in Deventer fast alle Meister nicht mehr als einen Lehrjungen annehmen durften, die Böttcher nicht mehr als einen Gesellen und einen Lehrling[5].

[1] Hantvesten III, 4, 553.
[2] Hantvesten III, 4, 569.
[3] Hantvesten III, 4, 578; vgl. Wagenaar IV, 1, 476.
[4] Feith: De gildis Groninganis 1888, p. 108.
[5] Houck. De collegiis opificum ac mercatorum in patria nostra, 1866, p. 19.

Kurz, diese Vorschriften, die darauf hinzielten, den Kleinbetrieb zu erhalten, finden sich fast überall, nicht nur hier und da, wie van Rees[1] annimmt. Wenn sie in einzelnen Gewerben fehlten, so geschah es nur, weil sie dort überflüssig waren, wie z. B. im Bäckergewerbe. Neben dem für den Lokalbedarf arbeitenden Handwerk gab es freilich auch Gewerbe, die ihren Absatz auf dem Weltmarkt fanden, vor allem die Wollindustrie. Allein obwohl ihr Export nach Millionen von Gulden zählte[2], eine manufakturmäfsig betriebene Grofsindustrie war sie doch nicht. Eine Hausindustrie mit vielen kleinen Meistern und kleinen Verlegern, das war auch die höchstentwickelte Industrie, die die Niederlande in der ersten Hälfte des 17. Jahrhunderts aufzuweisen hatten. Zum Beleg einige Zahlen. Es waren in der Say- und Raschindustrie (Saai- en rasnering) in Delft vorhanden[3]:

Im Jahre 1652 Kaufleute u. Tucher (Drappiers) 69 Arbeiter 256
- - 1654 - - - - 72 - 226
- - 1656 - - - - 93 - 246

Mit dieser Betriebsform harmonierte der technische Charakter der Industrie. An die Stelle allgemeiner wissenschaftlicher Principien mufste das zufällige Geschick des einzelnen Arbeiters treten. „Es gab kein Lehrbuch über den Schiffsbau. Daher beinahe kein Schiff auf dieselbe Weise gebaut wurde, so dafs man sagte, zwei Schiffe gleichen sich so wenig wie zwei Menschen[4]." — Darum blieb das Geheimnis gewisser technischer Verrichtungen in einzelnen Familien erblich. So wurde die Verfertigung einer Art Verpackungen für Ölsaat (haren) jahrhundertelang in den Zaanlanden von einem und demselben Geschlecht betrieben[5]. — Es bedurfte des Einfalls der Franzosen und der Vertreibung vieler Papiermüller aus Gelderland, damit die Kunst, weifses Papier zu machen, in Nordholland bekannt wurde. — Obwohl gerade Holländer im 16. und 17. Jahrhunderte eine Reihe grofser Erfindungen machten, so kamen doch nur wenige derselben in der Industrie zur Anwendung[6]. Die Färberei in Leyden arbeitete noch Mitte des 17. Jahrhunderts nach einem Reglement von 1585.

---

[1] Van Rees: Geschiedenis der staathuishoudkunde, 1865, I, p. 32.
[2] Der Wert allein der Leydener Produktion an Wollstoffen wurde auf 20 Millionen fl. berechnet. Arend Tollenaer, Remonstrantie, 1672. Vgl. über die Höhe der Produktion in Leyden Beilage I.
[3] Wttewaal in seiner Ausgabe von La Court. Beilage J.
[4] J. C. de Jonge: Geschiedenis van het nederlandsche zeewezen I, p. 645.
[5] De Navorscher 1889 p. 596.
[6] Da in den Werken über Geschichte der Technologie der Anteil Hollands an der industriellen Entwicklung sehr vernachlässigt wird und auch Multatuli (Ideen No. 451) frägt, welche Erfindungen sind in den Niederlanden gemacht worden, so möge folgende Aufzählung einiger in Holland gemachter technischer Fortschritte Platz finden:

Unausgebildet wie die Arbeitsteilung in der Werkstatt, blieb sie es auch in der Gesellschaft im allgemeinen. Spinoza schliff seine Brillen, Leeuwenhoek verfertigte selbst die Linsen seiner Mikroskope. Auch dafs ein Minister des Auswärtigen, wie das de Witt während des zweiten englischen Krieges that, zeitweilig das Oberkommando einer Flotte übernimmt, dürfte heutzutage eine ungewohnte Erscheinung sein.

Fassen wir das Obige zusammen, so ergiebt sich: bis in die letzten Decennien des 17. Jahrhunderts war der Kleinbetrieb in Holland dank dem niedrigen Stande der Technik fast überall vorherrschend, und auch wo die Technik voranschritt, wurden die alten Betriebsformen von der Gesetzgebung künstlich aufrecht erhalten. Das Handwerk blieb in den Fesseln der Gilden, die Hausindustrie in den Banden der Hallen.

Wie wurde nun die Manufaktur in den Niederlanden geschaffen? Die ökonomischen Bedingungen ihrer Entstehung, Ansammlung gröfserer Kapitalien in einzelnen Händen, Bildung einer Klasse von ungelernten Arbeitern, Welthandel und grofser Markt[1] waren in Holland mindestens seit dem Anfang des 17. Jahrhunderts vorhanden. Dennoch werden bis zum letzten Drittel des 17. Jahrhunderts nur ausnahmsweise Manufakturen errichtet und fast immer geschah dies durch fremde Unternehmer unter besonders bevorzugenden Bedingungen. Das älteste Beispiel dieser Art bietet wohl der Kontrakt der Stadt Haarlem mit Gregorio de Ayala und mehreren andern spanischen Kaufleuten vom Jahre 1524. Die letzteren verpflichteten sich, 500 halbe Stücke einer bestimmten Tuchsorte jährlich in Haarlem fabrizieren zu lassen[1].

1595 Erfindung des Pasquier Lamertyn in Alkmaar in der Musterweberei. Eikelenberg Alkmaar p. 424. — Entdeckung des Cochenille-harlach durch Cornelius Drebbel („eine der wichtigsten farbechemischen Entdeckungen" Otto N. Witt, Chemische Technologie der Gespinnstfasern p. 30). — Die Erfindung der Sägemühlen. (Leegwater, Klein chronykje p. 13). — Erfindung des Jakob ter Gouw, kaufmann in Amsterdam, Kattun mit echten Farben zu bedrucken. Resol. Staaten Holland 1. Juli 1678. — Erfindung der Platten zum Kattundruck durch Romeyn de Hooghe. Berg Refugiés p. 195. Erfindung tollinischen Krepp zu machen. Res. Staaten Holland 25. Septbr 1699. — Die im holländischen Handwerk des 17. Jahrhunderts übliche Technik beschreibt Johan van Nyenborgh in seinem Lehrgedicht Tooneel der aanzienlijkste wonderen der Handtwercken. Groningen 1659.

[1] Allerdings spielt der Kolonialmarkt nicht die entscheidende Rolle in der Entstehungsgeschichte der Manufaktur, die ihm Marx (Kommunistisches Manifest und Hend der Philosophie) zuweist. Weit entfernt, ein wichtiges Absatzgebiet in Indien zu finden, fürchtete die europäische Industrie die Konkurrenz der indischen Produkte, so dafs wiederholt auf Schutzzölle gegen die Einfuhr indischer Baumwollen und Leinenstoffe eingedrungen wurde. Vgl. Laspeyres p. 186. Becher pol. Discours p. 179. Macpherson Annals of trade II, 489. Kielmeyer: Entwicklung des Zeugdrucks in Dinglers polytechnischen Journal 234 p. 63. Clément van Cauwenberghs: L'industrie de la soie à Anvers depuis

Als Motiv für den Abschluſs des Vertrags führt der Magistrat die Verbesserung der städtischen Finanzen und die Vermehrung der Bevölkerung an[1]. — Aus dem Jahre 1666 ist eine Abmachung zwischen demselben Magistrat und dem Engländer Bellingan, sowie seinem Associé Dirk van Kattenburch aus Amsterdam über die Errichtung einer Spiegelfabrik erhalten[2]. Die Unternehmer bekamen für 15 Jahre das Monopol in dieser Branche, sowie einen Vorschuſs von 8000 Gulden, der in 8 Jahren zurückgezahlt werden sollte, zugesichert. 1678 kontrahierte die Stadt Haarlem mit Doktor Joachim Becher, Isaak van Nikkelen und Hendrik Noyen über die Gründung einer Fabrik zur Verarbeitung italienischer Rohseide. Die städtische Regierung sollte die Gebäude für 25—30 000 Gulden herstellen und dieser Fabrik ein ausschlieſsliches Privilegium zu erwirken suchen[3].

Indessen vereinzelte Ereignisse, wie die erwähnten, bedeuteten keinen Bruch mit der alten gewerblichen Ordnung. Wie ein eiserner Riegel hemmte die Festsetzung der Arbeiterzahl und der Werkzeuge die Entfaltung der kapitalistischen Produktionsweise. Alle anderen Bestimmungen der Gildestatuten konnte der kaufmännische Unternehmer leichter umgehen. So konnte er, auch wenn er kein Meisterstück gemacht, das Geschäft auf den Namen eines gelernten Meisters führen lassen. Es bedurfte groſser Ereignisse, um endlich auf diesem Gebiete Wandel zu schaffen.

Da kamen in den Jahren vor und nach der Aufhebung des Edikts von Nantes Tausende von französischen Flüchtlingen ins Land, fast alle Kaufleute, Handwerker, Arbeiter[4] und mit ihnen kommerzielle Intelligenz, verfeinerter Geschmack und groſse Kapitalien. Wollte man diese Schätze nicht unbenutzt lassen, so muſsten die lästigen Fesseln des Gilderechts fallen. Sie fielen. Die glaubensverwandten Einwanderer, in allen Städten gastlich aufgenommen, erhielten das Bürgerrecht, wurden von der Verpflichtung, ein Meisterstück zu liefern und Eintrittsgeld an die Gilde zu zahlen,

---

1582 jusqu'à nos jours, Anvers 1887, p. 15. Boislisle, Correspondance des contrôleurs généraux des finances. II Append. p. 479. Luzac sagt sogar, daſs der Verfall der niederländischen Manufakturen dem Handel mit Indien zuzuschreiben sei.
[1] Hantvesten der stad Haarlem 1751 p. 657.
[2] Enschedé: Inventaris van het archief der stad Haarlem II No. 566. Die obige Thatsache kann auch zur Widerlegung der Behauptung von Berg Refugiés p. 198 dienen, daſs die erste Spiegelfabrik in Holland erst 1690 vorkommt.
[3] Enschedé l. c. No. 571.
[4] Unter den 227 französischen Flüchtlingen, die von 1685—1698 Bürgerrecht in Middelburg erwarben, befanden sich 4 Prediger, 1 Lieutenant, 8 Schneider, 1 Graveur, 2 Spitzenarbeiter, 4 Küfer, 8 Kaufleute, 7 Zimmerleute, 15 Leineweber, 9 Wollkämmer, 10 Schuhmacher, 3 Hutfabrikanten, 1 Buchbinder, 2 Tuchweber, 3 Barchentweber etc. Coronel, Middelburg 1859, p. 130.

dispensiert. Auch wurden ihnen Steuern erlassen und Freiheit von militärischen Verpflichtungen zugesagt. Überall, wo sie hinkamen, schufen die Réfugiés neue Industrieen oder belebten die alten. Zu den neu eingeführten Industriezweigen gehörten in erster Reihe die Hutfabrikation, die Fabrikation von Seiden- und Halbseidenstoffen und Müllergaze in Haarlem¹, die Sammetfabrikation in Utrecht und Naarden, die Gerberei, Passementierarbeit — Die Seiden- und Halbseidenindustrie in Haarlem gab noch in der Zeit ihres Verfalls an 15 000 Menschen Arbeit². Die Fabrikation von Seiden-, Halbseiden-, Wollen- und Halbwollenstoffen in Utrecht beschäftigte ungefähr 10 000 Personen³. — Die Holländer, schreibt Sir Charles Davenant 1697, haben eine solche Seidenmanufaktur in ihrem Lande, dafs wir von dort mehr Seide importieren, als wir von Indien hierherbringen. Der größte Teil der hier gebrauchten Sammete kommt von dort und wird von uns teurer bezahlt, als wenn die Ware von Indien käme oder bei uns fabriziert würde⁴. „Ich glaube sicher, heifst es in der Denkschrift eines Seidenfabrikanten von 1774, dafs früher durch die Seiden- und Seidenstofffabriken mehr Menschen in unserem Lande Arbeit erhielten und prosperierten, als durch die ganze ostindische Compagnie⁵. Auf die Bedingungen dieser Prosperität werfen freilich die gerade für diese Industrie erlassenen Truckverbote ein eigentümliches Licht.

So war mit einem Schlage eine große Manufakturindustrie⁶ und eine Hausindustrie geschaffen, die, ungleich freier als bis dahin bestehende, bald die alte Wollindustrie

---

¹ Über die Fabrikation von „gazo des orientaux" in Haarlem vgl. Bulletin de la Commission pour l'histoire des églises wallonnes II (1887) p. 88 f.
² Berg l. c. p. 206.
³ Utrechtsch tijdschrift 1835 p. 335.
⁴ Ch. Davenant: Essay on the East India trade. Works I, p. 109. Der Import von Holland nach England betrug 1668—69 10 557 ℔ Seidengewebe im Wert von 23 753 £ 5 s und 2577 ℔ gezwirnte Seide im Wert von 278 £, dagegen 1703 6809¹¹/₁₂ ℔ Seidengewebe im Wert von 14 822 £ 2 s und 12 805 ℔ gezwirnte Seide im Wert von 15 966 £. Davenant Works V, 405 und 412. Die holländischen Seidenstoffe und Brokate verdrängten damals die französischen Fabrikate auf dem spanischen Markt. Boislisle: Correspondance des contrôleurs généraux I, No 1468.
⁵ Stukken betreffende de redenen van het verval der Zijdefabrieken te Amsterdam 1774 (Stadtarchiv Amsterdam L. Z G No. 81.
⁶ Über die Zahl der Manufakturen liegen nur wenige Angaben vor. In Amsterdam gab es 1770 2⁰¹ Fabriken in 84 Klassen. De Koopman II, 179. 1765 waren nach Wagenaar 106 Zuckerraffinerien, 20 Mälzereien, 15 Brauereien, 12 Seifensiedereien, 7 Essigfabriken, 1 Eisengiefserei, 1 Gewehrfabrik vorhanden. Vgl. auch De Koopman I, 254 und Eisenhandel II, 312. In Zaandam sollen nach Honig Geschiedenis der Zaanlanden I, 271) 1768 432, 1768 8⁰¹ Mühlen im Betrieb gewesen sein.

überflügelte[1]. — Es entstanden nun Unternehmungen von teilweise kolossalem Umfange. Pierre Baille aus Languedoc errichtete 1682 eine Weberei mit 110 Stühlen in Amsterdam[2]. Seine Arbeiter bewohnten einen ganzen Stadtteil. Einem Unternehmer, der die Taffetfabrikation in Amsterdam einführte, wurden nicht weniger als 100000 Gulden vom Magistrat vorgeschossen. Um diese Zeit legte Jakob van Mollem mit Unterstützung von Réfugiés eine Seidenfabrik in Utrecht an, die durch ein Wasserrad betrieben wurde. Er beschäftigte 500 Arbeiter und gab aufser dem Hause an 1100 Webstühle Arbeit[3]. Wie grofs der Vorteil war, den die neuen Manufakturen dem Lande brachten, zeigt u. a. Davenants Berechnung, dafs von 1688—95 der Nationalreichtum der Niederlande sich um 7700000 £ vermehrt habe[4].

Die Niederlande traten die Erbschaft des ersten damaligen Industriestaates an; was Frankreich noch nach der Verjagung der Protestanten an Industrie behielt, ruinierten die Kriege und die Verwaltung Ludwigs XIV.[5]. Ebenso plötzlich aber, wie der Aufschwung der Industrie gekommen, ebenso überraschend brach der Verfall herein. Seit 1730 zeigte sich in den wichtigsten Industriezweigen eine Erlahmung, die nur der Vorläufer eines völligen Niederganges war.

Die Hutmacher beklagten sich 1738 über den unglaublichen Verfall ihrer Industrie. Hüte seien in Frankreich mit 20 livres belastet, was einem Verbot gleichkomme, in England sei die Einfuhr ganz verboten; dagegen werde eine grofse Quantität englischer Hüte nach Holland eingeführt. Die von

---

[1] Savary sagt: „Avant la révocation de l'édit de Nantes leurs manufactures ne consistaient presqu'en leurs draps et en leurs toiles. Dictionnaire II, 389. Unrichtig ist es, wenn Dr. Georg Hansen, Die drei Bevölkerungsstufen, München 1889, p. 281 schreibt: „Die Zeit des westfälischen Friedens bezeichnet den Höhepunkt für die Entwickelung der Niederlande. Sie sind jetzt ... der erste Industriestaat der Welt." Nach der anderen Seite übertreibt Williams: Histoire des gouvernements du Nord, 1780, I, 179: „Ce pays n'a jamais été célèbre par ses manufactures."

[2] Berg p. 165. Die berühmte, von Colbert ins Leben gerufene Tuchmanufaktur von Abbeville hatte nur 30, später 80 Stühle.

[3] Die Fabrik zählte 32 Seidenmühlen und bestand bis 1816. Utrechtsche tijdschrift 1835 p. 226. Peter der Grofse besuchte diese Fabrik 1717 und geriet, als er die Kraft des Wasserrades prüfen wollte, in Lebensgefahr. Scheltema: Rufsland en de Nederlanden 3, p. 356.

[4] Davenant I, 415.

[5] Über den Zustand der französischen Manufaktur in dieser Zeit vgl. folgende Schilderungen: „Il n'y a plus ni manufactures ni fabricants dans les petites villes." Schreiben des Intendanten der Auvergne. Boilisle: Correspondance des contrôleurs généraux des finances I, No. 1050. La plupart (des ouvriers de St. Etienne) quittent et désertent, faute de travail, et une infinité meurent de faim et de misère. Schreiben des Intendanten von Lyon 1694. l. c. I, No. 1273. Klagen über den Rückgang der Manufaktur von Sedan l. c. I, No. 1490.

den Hutmachern verlangte Zollerhöhung wurde abgelehnt, dagegen sollten die Bürgermeister und die übrigen Beamten ersucht werden, nur inländische Hüte zu tragen[1]. — Die Sayproduktion in Leyden war schon 1714 auf ein Drittel, 1730 auf ein Zehntel ihrer Höhe am Ausgange des 17. Jahrhunderts zurückgesunken. Während früher in Leyden 1400 Tuchstühle, 1400 Saystühle, 300 Kreppstühle zu gehen pflegten, gab es deren 1753 nur noch 150 resp. 30 und 25[2]. 1735 und 1736 gab es 80 Tuchfabrikanten und Appreteure in Leyden. 1756 waren nur noch 25 Tuchfabrikanten und 10 Appreteure übrig[3]. Die Leydener Arbeiter waren zur Auswanderung bis nach Spanien gezwungen. 1763 waren in Amsterdam die früher so zahlreichen Wollwebereien verschwunden. In der Delfter Fayence-Industrie[4] waren 1794 von 30 Fabriken nur noch 10 übrig. Von der Kattundruckerei heifst es 1777, dafs sie in Verfall geraten, nach anderen Plätzen, besonders Augsburg, sich gewandt habe, während Wagenaar (1765) noch von der Blüthe dieses Gewerbes spricht[5]. Jeder Tag brachte neue Hiobsposten über den Verlust früherer Absatzgebiete. 1701 ging der portugiesische Markt verloren, 1739 schrieb der holländische Gesandte in Schweden, dafs fortan nur noch inländische Tuche dort getragen werden sollten[6]. 1770 wurde die Einfuhr fremder Thonwaren in Dänemark verboten[7]. Was Holland verlor, gewannen die konkurrierenden Länder. Die Ausfuhr englischer Wollstoffe verdreifachte sich von 1701—1770. Die Tuchproduktion Schlesiens hatte sich von 1739—1775 verdoppelt[8]. — Kurzum, ganze Industriezweige wurden weggefegt, Tausende arbeitslos, blühende Städte entvölkert[9]. Die Geschichte der Industrie kennt keinen ähnlichen Zusammenbruch. Und, was am verhängnisvollsten, dieser Zusammenbruch erfolgte am Vorabende der industriellen Revolution. Während England nur nötig hatte, seine Industrie auf Grund-

---

[1] Resolution Staaten Holland 24. September und 25. Oktober 1738 und Voluneen Documente ter Vergaderinge exhib. 1738. Luzac: Hollands rijkdom II 27 betont dagegen die Konkurrenz der Brabanter Hüte.
[2] De smeekende fabriquanten 1753 p. 25.
[3] Hollands algemeene bloei of ruine. 2. Aufl. 1777 p. 8.
[4] Henry Havard: Histoire de la fayence de Delft. Paris 1878.
[5] De Koopman VI, 417. Über den Rückgang des Schiffsbaues vgl. de Jonge Geschiedenis van het nederlandsche zeewezen III, p. 542. Sickenga l. c. p. 254. Über den Verfall der Brauereien Nederlandsche Jaarboeken 1701, p. 567 f.
[6] Resolution Staaten Holland 1739.
[7] Resolution Staaten Holland 9. Juni 1770.
[8] Schmoller: Kleingewerbe p. 83 nach Mirabeau.
[9] „In allen Strafsen von Haarlem, wo früher das Klappern der Webstühle, das Schnurren der Räder und das frohliche Lied der Arbeiter gehört werde, herrscht jetzt tödtliche Stille .... Strafsen, wo früher glückliche Familien durch Arbeit ein ehrliches Auskommen fanden, sind gänzlich abgebrochen und in grüne Felder verwandelt." Cornelis de Koning Tafereel van Haarlem. (1808) IV, 241 und 274.

lage der gewaltigen technischen Fortschritte am Ausgange des
18. Jahrhunderts fortzuentwickeln, stand Holland, der industriellen Errungenschaften von zwei Jahrhunderten beraubt,
schutzlos dem nun mit viel furchtbareren Waffen kämpfenden
Konkurrenten gegenüber.

Über die Ursachen dieser Katastrophe waren schon die
Schriftsteller des 18. Jahrhunderts nicht im Unklaren. Hohe
Arbeitslöhne, ihrerseits die Folge gestiegener Lebensmittelpreise und drückender Steuern, sollten die niederländische
Industrie unfähig gemacht haben, ihre Stellung auf dem
Weltmarkte zu behaupten. Warum wurden aber nicht die
Fabriken aus den grofsen Städten auf das platte Land verlegt, wo doch Lebensmittel und Mieten billiger? Jahrhundertelang hatten die holländischen Städte, die allein Stimmrecht
in der Staatsversammlung hatten, systematisch das platte Land
unterdrückt, den Betrieb der meisten Gewerbe auf den
Dörfern und Flecken untersagt[1]. Und weit gefehlt, dafs die
Gesetzgebung in der Stunde der Gefahr andere Bahnen einschlug, Stadt und Land gleichstellte, nein, beschränkter
Kirchturmspolitik mufsten die allgemeinen Interessen der
Industrie zum Opfer fallen. Gerade um diese Zeit wurden
aufs neue Verbote erlassen, bestimmte Gewerbe aufserhalb der
Städte zu betreiben. Beispiele: das Verbot des Goldschmiedsgewerbes[2], der Brauereien (1748), der Mühlen (1749), der
Wollfärbereien (1757) auf dem Lande[3].

Das wichtigste souveräne Rettungsmittel wurde verschmäht, desto freigebiger war man in allerhand kleinlichen
Mafsregeln und Vorschlägen, durch die man die Industrie zu
heben hoffte. Hierher gehört die Bestimmung, dafs die Miliz
der Provinz Holland mit inländischem Tuch bekleidet werden
sollte[4], das Verlangen, dafs die Beamten nur inländische Stoffe
tragen sollten, von Arend Tollenaer schon 1672 erhoben, von
den Vertretern von Rotterdam 1699 wiederholt, von dem
Verfasser der Schrift „Hollands bloei of ruine" des weitern
auseinandergesetzt und endlich in einzelnen Städten, z. B. in
Haarlem, erfüllt[5]. —

[1] Gesetzgeberische Akte, die dies bezweckten, sind Karl V. Ordre
op de buitennering (1531), das Verbot der ländlichen Brauereien (1521,
1546, 1549, 1577): Van Zurck, Codex Batavus, p. 123. Resol. Staaten
Holland, 28. Mai 1669.
[2] Gr. Plb. VIII, 1238.
[3] Laspeyres p. 192. Teilweise wanderte die Industrie der Provinz Holland nach anderen Provinzen, wo derartige Beschränkungen
nicht vorhanden, aus. So gingen schon 1739 in Tilburg (Nordbrabant)
600 Stühle für Leidener Rechnung. John Smith: Memoirs of wool.
London 1756. II, 98.
[4] Resol. Staaten Holland. 23. März, 25. Juli, 29. November 1701.
15. August 1704, 15. Januar 1707.
[5] de Koning: Tafereel van Haarlem II, 279 und III, 329.

Auffallend ist die Thatsache, dafs die Krisis, unter der die Industrie damals litt, nicht einen völligen Umschwung in der Zollpolitik herbeiführte. Obwohl die bei der Abfassung der niederländischen Zolltarife mafsgebenden handelspolitischen Grundsätze schwer zu erkennen sind, da weit mehr als sie finanzielle Zweckmäfsigkeitsrücksichten vorwalteten, so ist doch sicher, dafs bis zum 2. Drittel des 18. Jahrhunderts die Gesetzgebung einen principiellen Industrieschutz nicht anstrebte. — Der Tarif von 1655 hatte das Princip, die Ausfuhrzölle höher anzusetzen, als die Einfuhrzölle[1]. Wenn 1665 und 1671 der Import von Industrieprodukten aus England und Frankreich verboten wurde, so waren dies vorübergehende Repressalien von rein politischem Charakter. Als 1683 ein neuer Tarifentwurf ausgearbeitet wurde, wurde durch denselben die Einfuhr von Fabrikaten, sie seien von „Gold, Silber, Seide, Garn, Wolle, Haar, Eisen, Kupfer oder aus irgend einem anderen Stoffe", durchschnittlich mit 8 Prozent vom Wert besteuert, was um so bemerkenswerter, als dieselbe Vorlage landwirtschaftliche Zölle (z. B. auf fremde Butter) von 25 Prozent und eine gleich hohe Belastung für mit fremden Fahrzeugen eingebrachte Fische in Vorschlag bringt[2]. Die von Wilhelm IV. 1751 geplante Tarifreform verquickte den Industrieschutz mit weitgehenden Zollherabsetzungen und Durchfuhrerleichterungen für den Handel. Teils an der Schwierigkeit, diese Doppelaufgabe zu lösen, teils am Widerstande der Admiralitätskollegien, die eine Verminderung ihrer Einnahmen befürchteten, scheiterte dieser letzte Reformversuch auf dem Gebiete des Zollwesens vor dem Ende der Republik[3]. Die Notlage der Industrie veranlafste nur vereinzelte Einfuhrverbote und Zollerhöhungen. Die wichtigsten dieser Mafsregeln sind das Einfuhrverbot von Wolldecken (1728), von fremden Bieren (1769), von geschnittenen Korken (1750 und öfter), von Schuhen (für die Provinz Holland 1778), ein Zoll von 20 Prozent auf Tuche, von 25 Prozent auf englische Thonwaren[4]. Eine wesentliche Förderung konnte die Industrie hierdurch nicht erfahren, da bei dem trostlosen Zustande der Zollverwaltung nicht einmal sicher war, ob die betreffenden Verordnungen zur Ausführung gelangten[5]. Wichtiger als

---

[1] Sloet. Tijdschrift 13, 1.
[2] Maximen geobserveert in het formeren van nieuwe lyste van convoyen en licenten (Stadtarchiv Amsterdam L. C. S, 206.)
[3] Engelen. De propositionibus Guilielmi IV, p. 40.
[4] Sickenga p. 262. Groot Plakaatboek VI, 1432, VII, 1630, IX, 180 u 1850.
[5] Durch Plakat vom 16. Oktober 1619, erneuert 1643, 1650 und 1689 war die Einfuhr aller fremder gefärbten und appretierten Wollen stoffe aufs strengste verboten worden. Und doch gab es keine Stadt und kein Dorf wo nicht die verbotenen Waren in jedem Laden zu haben waren. Als das Verbot in einen Zoll von 8 Prozent verwandelt worden,

alle diese Versuche, der Industrie den inneren Markt zu erhalten, aussichtslos schon darum, weil der heimische Konsum nicht ausreichte, die Bedürfnisse einer für den Weltmarkt geschaffenen Industrie zu befriedigen, waren vereinzelte Bemühungen, der Industrie billigeres Rohmaterial zu verschaffen.

Ein wesentliches Moment, das den Untergang der niederländischen Industrie herbeiführte, war folgender Umstand. Im Gegensatze zur Jetztzeit suchten die Industrieen des 17. und 18. Jahrhunderts in erster Reihe heimische Rohstoffe zu verarbeiten. Diese Rohstoffe durch Ausfuhrbeschränkungen im Lande zu halten, war das erste Gebot merkantilistischer Staatskunst. England verbot die Ausfuhr der Wolle 1614, 1620, 1622, 1630, 1632, 1639, 1647, 1660 und öfter[1]. Seinem Beispiele folgten fast alle Staaten des Kontinents. So Brandenburg (1687), Kurpfalz (1713), Dänemark (1719), selbst Spanien für grobe Wollen. — Frankreich und einige italienische Staaten untersagten die Ausfuhr von Rohseide. — Holland war dagegen stets auf den Bezug fremder, zum Teil überseeischer Rohstoffe angewiesen. Spanische Wolle, indische, chinesische, italienische Seide, norwegisches Holz waren die Nahrung seiner Manufakturen. — Aber auch wo einheimische Rohstoffe zur Verwendung gelangten, waren sie selten in genügender Quantität und Qualität im Lande zu haben. Trotz des Ausfuhrverbotes von Lumpen siechte die Papierindustrie dahin, als die spanischen Niederlande die Ausfuhr von Lumpen nicht mehr gestatteten[2]. Ein Ausfuhrzoll auf holländische Wolle war schon 1648 gefordert worden[3]; 1791 wurde das Verlangen erneuert[4], trotzdem fiel der Vorschlag, weil die meisten Fabrikationszweige auf Verarbeitung fremder Wollen eingerichtet waren.

Hätten wenigstens die kolonialen Rohstoffe in genügender Menge der niederländischen Industrie zur Verfügung gestanden,

war der Erfolg nur, dafs die Waren mit 2 Prozent Aufschlag ins Haus geliefert wurden. Berg p. 306. Es ist wahr, die Eingangszölle sind hoch, aber sie werden gewifs nie so, wie es sich gehört, bezahlt, schreibt 1774 ein Seidenhändler. Der Zolltarif von 1725 mit den später erfolgten Änderungen bei l'Espine: Koophandel IV, 224 f.

[1] Vgl. E. Leser: Eine Denkschrift über die englische Wollindustrie aus der Zeit Jacobs I. p. 542 f. Faber: Entstehung des Agrarschutzes in England, p. 26, kennt die älteste Verordnung von 1614 nicht.

[2] Ausfuhrverbote von Lumpen wurden 1719, 1720, 1724, 1730, 1739 1754 und 1769 erlassen. Laspeyres p. 150. Mr. D. l. c. p. 122. Ausfuhrverbote von Porzellanerde 3. April 1693, Gr. Plb. IV, 1361 häufig erneuert, zuletzt 3. März 1756 (VIII. 1287) Ausfuhrverbot frischer Häute aus Seeland (Plakat vom 7. März 1684). Mr. D. p. 104.

[3] Corte deductie etc. (Reichsarchiv Bd. Commerce 1648—84.) Vorübergehend war die Wollausfuhr 1623 und 1630 verboten gewesen. Mr. D. over de aloude vrijheid p. 114.

[4] Nader voordragte van Leyden tot opbeuring van het kwynend fabricqwezen en Consideratien over de belemmeringen van den uitvoer van inlandsche wolle 1791. Extrakt Resol. Staaten Holland 16, 12 1791.

so hätte sie auch in einem Lande, das zum grofsen Teile aus Heide, Dünensand, Torfmoor und Wasser bestand, konkurrenzfähig bleiben können. Allein auch dieses Vorzugs scheint sie sich nicht erfreut zu haben. — Aus umfangreichen Aktenstücken über den Verfall der Seidenindustrie, die auf dem Amsterdamer Stadtarchiv bewahrt werden, geht hervor, dafs die ostindische Compagnie den Verpflichtungen eines Vertrages vom 22. September 1740, den sie mit den Städten Haarlem und Amsterdam geschlossen, jährlich 100 000 Pfund Rohseide zu importieren, seit 1750 nicht nachkam[1]. Als 1774 die Erneuerung des Privilegiums der Gesellschaft in Frage kam, petitionierten die Seidenhändler von Amsterdam, Haarlem und Utrecht, die Compagnie solle jährlich 50 000 Pfund Rohseide und 7000 Pfund Florettgarne liefern, wogegen sich die Seidenhändler an Eidesstatt verpflichten würden, die Seide nur im Inlande verarbeiten zu lassen. Wahrscheinlich infolge dieser Vorstellung wurde 1777 ein Ausfuhrzoll für die (von der ostindischen Compagnie) importierte bengalische Rohseide beschlossen[2], doch kam dieses Mittel wohl zu spät, um Hilfe zu bringen.

[1] Stukken betreffende de redenen van het verval der Zijdefabrieken te Amsterdam (Stadtarchiv Amsterdam. L. Z. 9. No. 8).
[2] Laspeyres p. 149.

IV.

Zur Geschichte der Gewerbeverfassung in den Niederlanden.

Die Organisationsformen der Industrie bieten ein merkwürdiges Beispiel für die Thatsache, dafs unter der gleichen juristischen Form ein ganz verschiedener wirtschaftlicher Inhalt verborgen sein kann. Vor allem gilt dies von den Gilden in den Niederlanden. Bis zum Ausgange des 18. Jahrhunderts war der gröfste Teil der holländischen Gewerbtreibenden in Gilden organisiert. Wie sehr auch die socialen Aufgaben und die Stellung dieser Körperschaften zum Staate wechselten, stets blieb Name und äufsere Form die gleiche[1]. Van Riemsdijk unterscheidet 3 Epochen in der Geschichte der Gilden. „Anfänglich", sagt er, „vereinigten sich Personen des gleichen Gewerbes oder Berufes, um gemeinsame Interessen zu vertreten. Da das religiöse so sehr mit dem gesellschaftlichen Leben verflochten war, hatten solche Korporationen auch einen stark kirchlichen Charakter. Allein spielte das Gewerbe in solchen Vereinigungen eine Hauptrolle, Gilden im gewöhnlichen Sinne waren sie doch nicht. Dies wurden sie erst durch Verleihung des Zunft-

---

[1] Die Schriften von Bodel Nyenhuis: De juribus typographorum 1819, Fortuyn: De gildarum historia medio imprimis aevo 1834 Houck: De collegiis opificum ac mercatorum in patria nostra 1846, J ter Gouw: De gilden, eene bijdrage tot de geschiedenis van het volksleven 1866, bieten viel Material, enthalten aber keine wissenschaftlichen Anforderungen entsprechende Geschichte der Gilden. Hauptwerk für die ältere Geschichte dieser Institution ist das Buch des Reichsarchivars Th. H. F. van Riemsdijk: Geschiedenis van de Kerspelkerk van St. Jacob te Utrecht. 1882. Kap. 5.

zwanges..... Unabhängig davon konnte die Gilde auch politische Rechte erwerben und hatte damit ihre dritte Entwickelungsstufe und den höchsten Grad von Ansehen und Macht erreicht."

Es ist jedoch unrichtig anzunehmen, dafs die Gilden ihre höchste und letzte Entwickelungsstufe erreicht hatten, als sie Anteil an der öffentlichen Gewalt erhielten. Vielmehr mufste dieser Umstand ihre Thätigkeit auf gewerblichem Gebiete erheblich alterieren. Als z. B. in Utrecht die städtische Regierung nach der Revolution von 1304 in die Hände von 21 Gilden kam, zwangen sie jedes neu aufkommende Gewerbe, sich unter ihr Patronat zu stellen. Dadurch kam es, dafs ganz heterogene Handwerke, wie Barbiere und Gewandschneider, Maler und Sattler, in einer Gilde vereinigt wurden. Man nannte diese Gilden „vergaderde Gilden van veel diversche ambachten"[1], „vereinigte Gilden von verschiedenen Handwerken". Erst als im 16. und 17. Jahrhundert der politische Einflufs der Gilden[2] mehr und mehr zu verblassen begann, trat mit dem Verluste der Eigenschaft von politischen Wahlkörpern ihr gewerblicher Charakter schärfer hervor.

Die Gilden, die aus Angehörigen verschiedenartiger Gewerbe zusammengesetzt waren, wurden ersetzt durch Korporationen, in denen nur noch Handwerker, die verwandte Gewerbe betrieben, Platz fanden. Wie weit diese Sonderung stattfand, hing natürlich von Zufälligkeiten, besonders von der Stärke, in der die einzelnen Gewerbe an dem betreffenden Orte vertreten waren, ab[3]. Daher ist die Zahl der Gilden, wie wir sie im 17. Jahrhundert vorfinden, kein untrügliches

---

[1] S. Muller, Fz; De Utrechtschen archieven. I. Schildersvereenigingen te Utrecht 1880. p. 4, f. In Amsterdam bildeten Apfelhändler und Kürschner eine Gilde bis 1613. Hantvesten, Amsterdam, p. 564.

[2] Vgl. hierüber van Rees: Geschiedenis der staathuishoudkunde I, p 124. Bodel Nyenhuis: De juribus typographorum, p. 324. In Gelderland und Deventer behielten die Gilden Anteil an der Regierung. Ganz war die Erinnerung an ihre einstige politische Bedeutung auch in der Provinz Holland nicht verschwunden. Die Wiederherstellung der Gildeherrschaft war eine Hauptursache des Dordrechter Aufstandes von 1651. Noch 1748 petitionierte Leyden um Wiedereinsetzung der Gilden in ihre politischen Rechte. In Groningen erhielten die Gilden die ihnen 1663 entzogenen Rechte durch die Revolution von 1718 zurück: Art. 6 des Reglements vom 28. November 1749. Teding a Berkhout: De mutata a Guilielmo IV regiminis forma, 1849, p. 71.

[3] In der St. Lukasgilde in Haarlem sind noch im 18. Jahrhundert ganz verschiedene Gewerbe vertreten, z. B. Maler, Graveure, Uhrmacher, Glaser, Gelbgiefser, Dachdecker, Schiffchenmacher, Sattler etc. — Die Stärke der einzelnen Gilden war natürlich äufserst verschieden. Während die Schiftbauergilde in Amsterdam 1500 Mitglied r zählte, die Korntägergilde in derselben Stadt im 18. Jahrhundert 600 Mitglieder (Consideration van de Direkteurs van de oostersche handel wegen het loon en het stel van korendragers, Stadtarchiv, Amsterdam), gab es Gilden von 4—5 Meistern, worüber La Court Klage führt.

Symptom für die industrielle Bedeutung einer Stadt. Das hochindustrielle Leyden zählte nicht mehr Gilden, als das unbedeutende Breda[1].

Die Gilden waren im 17. Jahrhundert fast jeder Selbständigkeit beraubte Organe der städtischen Verwaltung geworden, der die Ernennung des Vorstandes zustand. Diese machte die Korporationen den mannigfachsten Zwecken der Gewerbepolizei dienstbar. Die Gildestatuten ordnen hauptsächlich das Lehrlingswesen, das Unterstützungswesen und ganz besonders das Verhältnis zu den Arbeitern, sowie die Art der Produktion, namentlich soweit die Qualität der Waren in Betracht kam.

Um den Konsumenten eine gute und preiswerte Ware zu sichern, genügte der städtischen Verwaltung jedoch nicht die Kontrolle, die die Gewerbtreibenden gegenseitig ausübten, sondern sie betraute mit dieser Aufsicht auch noch besondere Organe. So wurde in Amsterdam ein Kollegium zum Setzen und Wägen des Brotes eingesetzt, das aus 8 Personen, 4 Bäckern und 4 Getreidehändlern, bestand[2]. Dieselben regulierten die Brotpreise, indem sie dieselben einmal wöchentlich nach den Getreidepreisen feststellten. Die Aufgabe der Brotwäger war es, von Zeit zu Zeit bei den Bäckern zu revidieren, ob das Brot das verlangte Gewicht besafs. Der Bäcker, der sich eine Übertretung dieser Vorschriften zu schulden kommen liefs, wurde bestraft und solange er die Strafe nicht erlegt hatte, gehindert, sein Gewerbe auszuüben. Demselben Zwecke diente auch das Gebot, das wir in Rotterdam finden, dafs der Bäcker seine Marke auf das Brot setzen mufste[3].

War die Qualität der Waren schon für den Absatz des Lokalhandwerkes von grofser Bedeutung, so hing nach der Meinung der damaligen Zeit die ganze Existenz der auf den Export angewiesenen Gewerbe von der unveränderlichen Güte der in den Handel gebrachten Waren ab. Daher äufserst strenge und detaillierte Vorschriften, um jeden Betrug, um jeder Fälschung entgegenzuwirken. Die Seidenfärber in Amsterdam mufsten die eidesstattliche Versicherung geben, dafs sie die Seide nicht beschweren würden[4]. Die Tuchfärberei stand unter der Aufsicht eines Kollegiums von 6 „Hoofdmannen",

---

[1] Zahl der Gilden in Leyden 20, Deventer 18, Haarlem 44, Amsterdam 51, Dordrecht 32, Haag 45, Utrecht 70, Middelburg 45, Groningen 30.

[2] Wagenaar IV, 1, 466. In Rotterdam bestand ein ähnliches Kollegium, das mindestens zweimal monatlich die Bäckereien revidierte. Scheffer: Sint Antbaertus. De Bakkers en het brood te Rotterdam 1400—1850, Leyden 1880, p. 24 f. Ebenso in Haarlem. Vgl. Ordonnantie voor de broodweegers en broodzetters 20. 10. 1646 und 11. 11. 1731.

[3] Scheffer l. c. Über Keurmeister, deren Aufgabe zu wachen, dafs nur gesundes Fleisch verkauft wurde, vgl. Wagenaar I, 438.

[4] Wagenaar l. c. 442.

nämlich 2 Grofshändlern in Tuch, einem Detailkaufmann, 2 Blaufärbern und einem Karmesinfärber¹. Die blaugefärbten Tuche mufsten zu den Staalmeistern gebracht werden, um dort mit vorgeschriebenen Mustern verglichen zu werden. Dasselbe Verfahren wiederholte sich noch einmal nach dem Schwarzfärben. Die Tarrameister mufsten die Tuche, die verkauft waren, untersuchen, ob sie einen Fehler besafsen, für den dem Käufer ein Abzug zustand.

Um die Fabrikate auf ihre Güte zu prüfen, bestanden wenigstens in der Textilindustrie besondere Anstalten, die sog. Hallen. War die Visitierung der Waren ihre Hauptaufgabe, so erschöpfte sich doch damit nicht ihre Bedeutung. An einzelnen Orten wurden in diesen Hallen auch die Waren beliehen oder auch durch die Beamten der Anstalt verauktioniert². Es waren Einrichtungen wesentlich im Interesse der kleinen Meister und Kaufleute, welche die kostspieligen und langwierigen Proceduren dieser amtlichen Visitation ertrugen, um in dem auf die Waren gestempelten Stadtwappen dem Käufer eine Garantie zu geben, die die eigene Firma nicht bot. Für die grofsen Unternehmer war dies überflüssig, sie mufsten die Unannehmlichkeiten einer derartigen Überwachung ihrer Produktion unangenehm empfinden, um so unangenehmer, wenn im Vorstande der Hallen sitzende Konkurrenten ihnen das Leben sauer machten. Daher war es in einigen Orten in das Belieben der Industriellen gestellt, ihre Waren nach der Halle zu senden. In anderen Orten, wie in Leyden, war jedoch diese Verpflichtung allen Geschäften ohne Unterschied auferlegt. Gegen diese Zwangshallen eifert La Court auf das Heftigste und nennt sie schädlicher als Krieg, Pest und Konsumtionssteuern. Umsonst! Die Hallenorganisation blieb in Leyden bis zum Ende der Republik bestehen. Betrachten wir sie nun im einzelnen.

In Leyden gab es deren 5—6, die Sayhalle, Baaihalle, Greynhalle, Rashalle, Fusteinhalle und Lakenhalle³. Die Einrichtung der Say- und Grogreynhalle, wie sie uns in der sehr ausführlichen Ordnung von 1585 (75 Artikel) entgegentritt⁴, ist folgende: Für die Ausübung des Gewerbes ist das Bürgerrecht erforderlich. Bürgermeister und Rat wählen alljährlich

---

[1] Wagenaar l. c. 441.
[2] Z. B. in der Lakenventhalle in Amsterdam. Wagenaar III, 1, 42.
[3] Über die bauliche Einrichtung der Hallen vergl. Galland: Geschichte der holländischen Baukunst und Bildnerei, 1890, p. 287. Abbildungen der Hallen findet man in Orlers und van Mieris Beschreibungen von Leyden.
[4] Keuren opt stuc vande Draperie van allerleye saeyen ende grogreynen, die binnen der stad van Leyden, des Graefschaps van Holland werden ghevrocht ende gheret. Ten bevele van die vande Gerechte der voorschreven Stede. Gedruct opt Raedhuys aldaer in den Jare 1585.

5 Gouverneurs, und zwar 2 aus den Gouverneurs des Vorjahrs und 3 aus 8 von sämtlichen Gewerbtreibenden vorgeschlagenen Personen. Die Gouverneurs ernennen die übrigen Beamten der Halle. Zu diesen gehören die Waranderers. Dieselben führen ein Register, das die Namen und Marken aller Kaufleute, Weber und Lehrlinge enthält. Die Arbeiter und die Drappiers müssen ihre Marke einweben lassen. Andere Beamte sind: der Bailliu (Inspektor), die Stellvertreter der Waranderers oder Provisenaars, ferner Packers und andere untergeordnete Bedienstete, die sämtlich vereidigt wurden[1]. Ihre Aufgabe war es, auf die genaue Beachtung der strengen technischen Vorschriften, über das Scheren der Kette, über die Länge der Ketten, über die Länge und Breite der gewebten Stücke, über die Art der Farben zu achten. Die Tuche mufsten, nachdem sie gewebt waren, zur Halle gebracht werden, um dort gemessen und gestempelt zu werden. Dieselbe Procedur wiederholte sich auch, nachdem die Tuche aus der Walke und aus der Färberei kamen. Den Färbern, Walkern u. s. w. war es verboten, ungestempelte Tuche anzunehmen. Demselben Zwecke diente auch anscheinend die Bestimmung, dafs kein Weber bei 2 Walkern zu gleicher Zeit arbeiten lassen sollte. Vergleicht man die geschilderte Organisation mit den Vorschriften für die Greynhalle, vom Jahre 1759, so findet man nach 2 Jahrhunderten im wesentlichen das gleiche Bild[2]. Die Stelle der Gouverneurs vertreten 4 Direktoren, die auf den Vorschlag eines Kollegiums von 15 Notabeln, 10 Fabrikanten und 5 Kaufleuten seitens des Magistrates gewählt werden. Die Oberaufsicht liegt in den Händen von 2 Schöffen, unter ihnen ressortieren die Inspektoren, Messer u. s. w., denen übrigens untersagt ist, sich an der Industrie geschäftlich zu beteiligen. Die Bestimmungen über die Führung eines Registers mit Namen, Wohnung und Marken der Arbeiter, über die Stempelung der Tuche und über die schleunige Exekution der von den Beamten der Halle gefällten Urteile finden sich auch hier. Neu ist die stärkere Betonung des socialpolitischen Elements. Während das Reglement von 1585 vorschreibt, dafs die Arbeiter ihre Arbeit abliefern müssen, ehe sie in den Dienst eines neuen Meisters treten, ferner den Kontraktbruch, sowie die Arbeit bei 2 Meistern untersagt, verlangt die Ordnung von 1759, dafs alle Kontrakte zwischen Arbeitern und Meistern in der Halle registriert werden müssen[3], und dafs alle Streitigkeiten zwischen beiden Teilen und ebenso alle Differenzen zwischen

---

[1] Die Baaihalle in Leyden hatte gegen 30 Beamte.
[2] Gerenoveerde Keuren voor de Grynhalle der Stad Leyden. Geaaresteert op den 25. Oktober 1759. Leyden. By Samuel en Johannes Luchtmans 1759.
[3] Art. 25.

den Webern, Walkern, Färbern etc. durch die Beamten der Halle entschieden werden[1].

Das Hervortreten des socialpolitischen Elements ist es überhaupt, das den hausindustriellen Ordnungen des 18. Jahrhunderts eine eigentümliche Färbung verleiht. Es kommen hier in Betracht die Statuten folgender Haarlemer Gilden: Der Bontschweberfilde (Bonte Lynwaatengild) vom 21. März 1752, der Spitzenwebergilde vom 9. September 1756, endlich die Statuten der Seidenbandwebergilde vom 1. September 1752, ferner die Ordonnanzen für die Seidenwebergilde (Stoffens werkersgild) in Utrecht vom 15. April 1727[2].

Dieselben weisen auf eine sehr entwickelte Hausindustrie hin[3]. Es werden ausdrücklich unterschieden: Fabrikanten (fabriqueurs, reeders), hausindustrielle Meister (werkbaazen fatsoenbaazen) und Arbeiter. Dafs die Stellung der Meister schon ziemlich abhängig gewesen sein mufs, geht aus der Thatsache hervor, dafs Vorschüsse der Fabrikanten erwähnt werden, vor deren Rückzahlung der Meister für keinen anderen Fabrikanten arbeiten durfte. Gemeinsam ist allen diesen Ordnungen das Verbot des Trucksystems[4], das Gebot, ehrlich zu messen[5], die Ordnung des Lehrlingswesens, sowie die Festsetzung eines Minimallohnes[6].

Endlich wiederholen sich eine Anzahl von Vorschriften, die den Fabrikanten gegen Veruntreuung des Rohmateriales und der Gerätschaften seitens der Arbeiter zu sichern suchen[7].

---

[1] Art. 33.

[2] Keuren der stad Haarlem II, 202, 194, 269 und Gr. Utr. Placaatboek III, 13, 768. Dieselben zeigen in allen Einzelheiten eine so grofse Verwandtschaft, dafs die Vermutung sich aufdrängt, sie seien nach einem gemeinsamen Muster entworfen.

[3] In Haarlem zählte man Mitte des 18. Jahrhunderts 3000 Stühle für Seidenweberei und 600 Stühle für Fabrikation gewebter Spitzen.

[4] Vgl. z. B. die Ordonnanz für die Utrechter Seidenweber. Ordre op de Arbeydsloonen Art. XII. „Dafs ferner die Bezahlung der obigen Löhne soll geschehen in barem Gelde, ohne dafs zur Bezahlung dieser Löhne oder eines Teils derselben den Arbeitern, ihren Frauen, Kindern und Dienstboten irgendwelche Waren, von welcher Natur und Beschaffenheit sie auch seien, oder unter welchem Vorwande dies auch geschehen möge, sollen verkauft, vertauscht oder in Minderung des Lohnes angerechnet werden, weder direkt noch indirekt, in irgendwelcher Art." Strafe 50 Gulden, im Wiederholungs-falle 100 Gulden. Vgl. ferner die Ordnung der Seidenbandwebergilde in Haarlem Art. 16. Keuren der stad Haarlem II, 196, Ordnung der Spitzenwebergilde Art. 27. Vervolg. v het II deel van de Keuren der stad Haarlem p. 14. Ordonnanz d. Greynhalle in Leyden Art. 30.

[5] Ordonnanz für die Greynhalle in Leyden 1759. Art. 30.

[6] Ordonnanz für die Seidenweberei in Haarlem. Keuren II, 274. Gr. Utrechtsch Plakaatboek III, 13, 771. Die Leydener Ordonnanz für die Greynhalle setzt dagegen einen Maximallohn fest und verbietet den Arbeitern, mehr zu verlangen.

[7] Gr. Utr. Plakaatboek III, 13, 771. Spitzenwebergilde Haarlem. Art. 29. Demselben Zweck dient auch das in Leyden erlassene Verbot,

Um die Ausführung dieser Vorschriften zu sichern, war es notwendig, den Fabrikanten zu untersagen, außerhalb des Stadtgebietes Arbeiten zu anderen Bedingungen vornehmen zu lassen, falls nicht ein völliges Verbot auswärtiger Arbeit erfolgte[1].

Im Vorangegangenen wurde die Organisation des Handwerkes und der Hausindustrie betrachtet. Allein auch die eigentlichen Manufakturen blieben nicht ohne verwandte Einrichtungen. So unterstanden z. B. die Brauereien in Amsterdam einem Kollegium von 5 Personen, von denen je 2 jährlich abgingen, und aus einer doppelten Anzahl von Vorgeschlagenen durch die Bürgermeister ergänzt wurden[2]. Über die Qualität des Hopfens wachten 2 vereidigte „Keurmeister", die den Hopfen untersuchten und die Säcke, in denen er verpackt wurde, mit dem Stadtwappen versehen mußten. Die fremden Stoffe, mit denen der Hopfen etwa verunreinigt war, mußten im Beisein von 3 Kommissaren, die lebenslänglich von den Bürgermeistern angestellt wurden, entfernt werden. — Die Zuckerraffinerieen in Amsterdam wurden von 6 Autorisierten (Geauthoriseerden) beaufsichtigt, von denen je 2 jährlich von den Bürgermeistern neu ernannt wurden. Dieselben besaßen das Recht, zu allen Zeiten die Zuckerraffinerien zu besuchen, um sich von der Befolgung gewisser technischer Vorschriften zu überzeugen, und hatten die Zuckerraffineriebesitzer für den Unterhalt dieser Aufsichtsbehörde einen nach der Arbeiterzahl zu bemessenden Beitrag zu entrichten[3]. Eine ähnliche Behörde unter dem Namen Superintendenten wurde für die Gold- und Silberdrahtindustrie eingesetzt (1696). Die Kommissare der Seidenweberei und die Superintendenten der Seidenhaspelei hatten Streitigkeiten zwischen Kaufleuten und Arbeitern zu entscheiden, die Lehrlinge einschreiben zu lassen und verwandte Funktionen vorzunehmen[4]. Wagenaar sagt, daß diese Industrieen eigentlich zu keiner Gilde gehörten. Doch ist ihre ganze Organisation analog den Handwerksgilden. Wie bei diesen ordnete ein von der Stadtregierung angestellter Vorstand die allgemeinen Angelegenheiten der Industrie. Nur die besonders in den Vordergrund gerückte Aufgabe dieser Organe, vermittelnd zwischen Arbeitern und Fabrikanten aufzutreten, bildet ein neues Moment in dieser Entwickelung.

Wolle oder Garn zu verpfänden oder zu versetzen seitens der Personen die das Material zur Verarbeitung erhalten. Der Eigentümer der Wolle etc. darf sie beim Pfandleiher oder Käufer mit Beschlag belegen, ohne etwas zurückzuzahlen. Keuren d. stad Leyden 1658. p. 221.
[1] Spitzenwebergilde Haarlem, Art. 7. Seidenwebergilde Art. 13.
[2] Wagenaar 4, 1, 450.
[3] Wagenaar 4, 1, 481.
[4] Wagenaar l. c. 487.

Alle diese Einrichtungen dienten nur den Interessen einzelner Industriezweige; von Institutionen, die für die Industrie im allgemeinen bestimmt waren, ist etwa nur die 1663 in Amsterdam errichtete Handelskammer (Commercie Collegie) zu erwähnen, in der auch Vertreter der Industrie Platz fanden. Charakteristischerweise hat aber diese Körperschaft nur 2 Jahre bestanden, ohne dafs später ein Versuch der Wiederbelebung gemacht wurde[1].

Man braucht die Gewerbeverfassung der Niederlande nur mit der Frankreichs zur Zeit Colberts zu vergleichen, um die niedrige Entwickelungsstufe zu erkennen, die sie einnimmt. Dort lediglich kommunale Organe, hier centralistische Verwaltung mit ihren Intendanten, contrôleurs généraux und staatlichen Fabrikinspektoren, den Vertretern der staatlichen Einheit gegenüber den lokalen Eigentümlichkeiten[2].

[1] Wagenaar IV, 3, 525.
[2] Farnam. Die innere französische Gewerbepolitik p. 11.

V.

Die Lage der niederländischen Arbeiter während des 17. und 18. Jahrhunderts.

Ob die Lage der Arbeiterklasse in Holland sich im Vergleich zum 17. Jahrhundert gehoben, das ist eine Frage, die in den letzten Jahren oft aufgeworfen und mangels ausreichenden statistischen Beweismaterials verschiedenartig beantwortet wurde. Es läfst sich jedoch aus theoretischen Gründen wahrscheinlich machen, dafs die wirtschaftliche Lage der holländischen Arbeiter im 17. Jahrhundert günstiger gewesen sein mufs, als heutzutage[1].

Das 17. Jahrhundert war eine Zeit niemals zurückgekehrten wirtschaftlichen Glanzes für Holland und etwas kam der gewaltige Aufschwung der Nation auch den Arbeitern zu gute. So genossen z. B. die Matrosen Anteil an der Beute. „Während des ersten englisch-holländischen Krieges wurden zwei englische Schiffe genommen. Die Ladung war so reich, dass sich die holländischen Matrosen das Silber mit Mützen und die Perlen und Edelsteine mit Handgriffen zuteilten".[2]

Bedeutungsvoller war, dafs das gesamte Gewerberecht und die Gewerbepolizei sich in den Händen der Stadt, nicht des Staates, befand. Die städtische Verwaltung setzte für die meisten Gewerbe die Arbeitszeit, die Löhne, die Kündigungs-

---

[1] „Denn man „sieht, schreibt La Court," dafs aus Mangel an Fremden im Lande die Bauern so grofse Jahres- und Tagelöhne ihren Knechten zahlen, dafs sie nur sehr kümmerlich, die Diener dagegen sehr reichlich leben können. Die gleiche Unannehmlichkeit fühlt man in den Städten, wo die Handwerksgesellen und Dienstboten unwilliger, kostspieliger und unerträglicher als in irgend einem anderen Lande sind." La Court: Aanwyzing, p. 68.

[2] Hollandsche Mercurius 1655 p. 8.

fristen und die Lehrzeit fest. Hatten auch die Arbeiter keinen Einfluss auf die Stadtregierung, so fanden ihre Klagen und Wünsche doch grösseres Gehör, als wenn sie an eine staatliche Centralbehörde gerichtet worden wären[1].

Als erste Konsequenz des Verhältnisses der Stadt zu den Arbeitern ergab sich die Anerkennung eines Rechts auf Arbeit. Die Zimmermeister von Amsterdam wurden 1623 verpflichtet, fremde Gesellen bei Strafe von 3 fl. zu entlassen, wenn sich Bürger zur Arbeit meldeten[2]. Indirekt wurde auch durch die Festsetzung einer längeren Lehrzeit für fremde Arbeiter als für einheimische das gleiche Princip ausgesprochen.

Verfolgen wir nun die Arbeitsbedingungen im einzelnen. Die Arbeitszeit war im 17. Jahrhundert jedenfalls nicht länger als in der Gegenwart. — Die Nachtarbeit war für viele Gewerbe ausdrücklich verboten[3]. — Jedoch findet man bei einzelnen, mit elementarer Kraft arbeitenden Unternehmungen bereits den in der modernen Industrie so verbreiteten doppelschichtigen Betrieb. So liessen die Eigentümer der Windmühlen in Zaandam Ende des 17. Jahrhunderts Tag und Nacht arbeiten, „um keinen Wind durch die Latten zu lassen"[4].

Ein Verbot der Sonntagsarbeit finden wir u. a. für die Hutmacher und Sägemüller in Amsterdam[5], für die Mühlen und Färbereien in Utrecht[6], für die Bäcker, Barbiere und Kornträger in Haarlem[7]. Nur für die Tuchbereiter in Amsterdam war die Sonntagsarbeit ausnahmsweise gestattet[8].

Folgende Beispiele können einen Begriff über die Länge des Arbeitstages geben.

Die Leineweber in Amsterdam sollen, wie 1589 bestimmt wurde, vom 1. April — 1. September von 4 Uhr morgens

---

[1] Vgl. zum Beleg dieser Behauptung das Verhalten der Bürgermeister gegenüber den Amsterdamer Schiffszimmerern, ferner gegenüber den Pfeifenbrennern in Gouda. Het ontroerd Holland 1750, p. 374.
[2] Hantvesten Amsterdam III, 4, 624.
[3] Bei den Webern in Leyden im 14. Jahrhundert (P. J. Blok, Hollandsche stad I, p. 199). Bei den Schuhmachern, Schmieden und Schiffbauern in Leyden (Dozy p. 22). Bei den Kornträgern in Utrecht 1390 (Gr. Utr. Plakaatboek III, 802). Derartige Verbote scheinen bis ins 17. Jahrhundert in Kraft gewesen zu sein.
[4] Jacobus Scheltema: Rusland en de Nederlanden beschouwd in derzelver wederkeerige betrekkingen. Amsterdam 1817, II p. 390.
[5] Hantvesten Amsterdam III, 4, 569 und Wagenaar III, 463.
[6] Gr. Utr. Plakaatboek III, 795 und III, 777.
[7] Keuren Haarlem 27, Nov. 1749. Das Laden und Loschen von Schiffen an Sonn- und Festtagen wurde durch das Plakaat vom 31. Juli 1725 verboten.
[8] „Um das schöne Wetter zu benützen" heisst es in der Verordnung vom 9 Sept. 1661. Hantvesten III, 4, 525.

bis 8 Uhr abends, im Winter von 5 Uhr morgens bis 8 Uhr abends arbeiten[1]. — Die Arbeitszeit der Tuchbereiter in Amsterdam betrug 1662 12 Stunden. Die Maurer und Steinhauer derselben Stadt arbeiteten 12 Stunden[2].

Im 18. Jahrhundert scheint die Arbeitszeit noch verkürzt worden zu sein. Die Mitglieder der St. Josephsgilde (Zimmerleute, Tischler etc.) zu Haarlem sollen nach Bestimmungen von 1751 an langen Tagen $11^1/_4$, an mittleren 10 und an kurzen $9^3/_4$ Stunden arbeiten. Die Maurer dieser Stadt arbeiteten je nach der Jahreszeit $11^1/_4$, $10^1/_4$ und $8^3/_4$ Stunden. Die Schiffsbauer waren von 5 Uhr morgens bis 7 Uhr abends thätig[3].

Zur Beurteilung der Höhe der Arbeitslöhne mögen folgende Daten dienen:

Die Tuchbereiter verdienten in Amsterdam:

1648   18 Stuiver pro Tag (= M. 1,49)[4].
1661   18—21   -   -   - (= M. 1,49—1.73)[5].
1682   24   -   -   .-   (= M. 1,98)[6].

In Utrecht erhielten dieselben Arbeiter
1696   16 Stuiver bei 12stündiger Arbeitszeit[7].

Die Schiffszimmerleute von Amsterdam erhielten pro Tag:

1628   11 Stuiver (= M. 0,90).
1692 { 36   -   (= M. 3,15) Sommerlohn.
       30   -   (= M. 2,46) Herbstlohn.
       24   -   (= M. 2,10) Winterlohn.

1749 galten dieselben Lohnsätze, jedoch wurde auf den Werften der Ostindischen Compagnie und der Admiralität nur 30 st. (= M. 2,46) Sommerlohn und 20 st. (= M. 1,65) Winterlohn gezahlt, weshalb die Gilde der Schiffszimmerer petitionierte, diese Sätze auf 32, resp. 22 st. zu erhöhen[8]. Van der Oudermeulen hat für seine Untersuchungen über die Veränderung des Geldwertes seit dem 16. Jahrhundert auch lohnstatistisches Material zusammengetragen. Dasselbe ist zwar sehr lückenhaft, bezieht sich jedoch hauptsächlich auf

---

[1] Hantvesten, Amsterdam III, 4. 553.
[2] Hantvesten, Amsterdam III, 4, 552 und 869. Nach der Enquête von 1887, Nr. 1756 fg. betrug damals die Arbeitszeit im Amsterdamer Baugewerbe $11^1/_2$—12 Stunden.
[3] Keuren Haarlem II, 218.
[4] Consideratien van de Heeren van Amsterdam op 't stuck van de drapperye den 19. Maart 1648 exprandio (Reichsarchiv). In den umliegenden Städten waren damals die Löhne dieser Arbeiter noch niedriger.
[5] Hantvesten, Amsterdam 532 b. Es wird verboten, mehr Lohn zu geben.
[6] l. c. p. 112.
[7] Gr. Utrechtsche Plakaatboek III, 13, p. 767.
[8] Wagenaar. III, 26, p. 207 f. Nederlandsche jaarboeken 179, p. 1219 f. Ein Arbeiter auf diesen Werften verdiente in 226 Arbeitstagen 311 Gulden.

N 3.

eine Kategorie von Arbeitern, deren Lohnverhältnisse zu allen Zeiten typisch waren, die Bauarbeiter.

Löhne von Bauarbeitern.

A.

Jahr	Maurermeister	Maurergeselle	Handlanger
14??	—	4 st	—
1566	—	4 st	2 st
1586	—	8 st	5 st
1620	—	20 st	10 st
1624	22 st	18 st	12 st Winter
1646	—	20 st	14 st Sommer
1674	—	—	14 st
1676	24 st	—	—
1696	—	20 st	12 st Winter
1727	—	18 st Winter	12 st
1775	—	21 st Sommer / 18 st Winter	12 st Winter / 14 st Sommer

B.

Jahr	Dachdeckergeselle	Zimmermeister	Zimmermann
1466	3 st	6 st ohne Kost	—
1482	4 st	—	—
1486	4 st	—	—
1491	—	—	4 st
1566	4 st	—	—
1570	—	—	5 st
1581	14 st	6 st	—
1604	14 st	—	—
1620	20 st	—	—
1621	—	—	16 st Winter / 20 st Sommer
1645	20 st Sommer / 18 st Winter	—	—
1675	—	24 st	20 st
16??	20 st Sommer	—	—
1695	—	24 st	20 st
1727	—	—	22 st Sommer
1728	20 st	—	18 st
1775	20 st	—	21 st Winter

Diese Löhne wurden nach van der Oudermeulen in einem der Hauptorte eines der Provinz Holland benachbarten Staates gezahlt[1].

Wir lassen noch einige Angaben über Löhne in der zweiten Hälfte des 18. Jahrhunderts folgen.

Van der Oudermeulen Recherches sur le commerce Amsterdam 1778 T. I p. 10?. 4 stuivers enthielten 1482 w ax u 20 stuivers 1775 1.7 ??n S?ber.

In Amsterdam betrug 1778 der Tagelohn eines Zimmermanns 31 st. — 4 st. Profit des Meisters = 27 st. (= M. 2,30), eines Maurers 30 st. — 4 st. Profit des Meisters 26 st., eines Handlangers 21 st. — 3 st. Profit = 18 st. (ohne Bier). In Middelburg erhielten die Zimmerleute und Maurer 30 st. — 5 st. Profit des Meisters — 25 st. (= M. 2,12), die Handlanger 20 st. — 2½ st. = 17½ st. (Sommerlöhne). In Enkhuysen zahlte man den Maurern und Zimmerern 24 st. (= M. 2,04), den Handlangern 18 st.; in Dordrecht 23 st. resp. 14 st.; in Haarlem dem Maurer 1755 25 st. — 3 st. Profit des Meisters = 22 st. (und Bier) (= M. 1,87). Ein Landarbeiter in Friesland erhielt 1778 während der Ernte 20 st. pro Tag, sonst je nach der Jahreszeit 12—14 st. Ein Landarbeiter in der Nähe von Dordrecht erhielt 100—110 fl. pro Jahr und Kost. Ein Schiffszimmermann in Amsterdam verdiente 1765 28 st. Sommerlohn, 18 st. Winterlohn. Die Arbeiter der St. Josephsgilde in Haarlem (Zimmerleute, Tischler etc.) erhielten 25 st. pro Tag 1750[1].

Die in der Kriegsmarine gezahlten Löhne und Besoldungen sind aus folgender Zusammenstellung ersichtlich. Es erhielt pro Monat:

	1555[2]	1636[3]	1778[3]
	fl.	fl.	fl.
Lootse	20	36	36
Trompeter	5	20	18
Matrose	3.15	10—11	11
Koch	8	21	18
Barbier	8	24	32
Schreiber	6	16	16
Kapitän	30	100	100
Zimmermann	8	30	24
Segelmeister	6	14	16
Profoſs	8	12	12
Konstabel	8	22	18—22
Hochbootsmann	7	22	18

[1] Van der Oudermeulen l. c. I, p. 29. Keuren: Haarlem II, 505. Wagenaar IV, 1, 460. Aus alten Lohnlisten über die beim Mühlenbau in Zaandam 1751 gezahlten Sätze, die mir der als Socialpolitiker rühmlich bekannte Herr Jan Stoffel, Fabrikant in Deventer, freundlichst zur Einsicht überliefs, ergiebt sich, dafs damals der Meister 23—32 stuivers pro Tag erhielt, ein voller Arbeiter 19—27 st. (M. 1,60–2,30). Der Meister berechnet dem Bauherrn seine Auslagen für Geräte etc. und verdient aufserdem 1 Prozent an allen Materialien und Arbeitslöhnen. Die Löhne sind in diesem Fache gegenwärtig ebenso hoch, dagegen haben sich Mieten und Lebensmittelpreise verdoppelt, auch wird kein Bier und Branntwein den Arbeitern gegeben.
[2] Van der Oudermeulen: Recherches I. p. 29 f.
[3] Tjassens: Zeepolitie, 1670, p. 103.

Nach von Gülich betrug der Wochenlohn in Holland Ende des 18. Jahrhunderts 4 fl., eine Angabe, die, nach obigen Zahlen zu schliefsen, eher zu niedrig erscheint¹. Dafs die Löhne den Arbeitern im allgemeinen einen ausreichenden Unterhalt gestatteten, läfst sich aus der Ernährungsweise schliefsen. La Court klagt, dafs die Armen ihren Verdienst reichlich auf Kirmessen und in Schenken verzehren². Nach den Vorschriften über die Proviantierung von Kriegsschiffen 1636 wurde pro Kopf und Woche gerechnet 5 ℔ Hartbrot, 1 ℔ Käse, zweimal wöchentlich Fleisch, 1⁷/₁₁ ℔ Stockfisch und ¹/₁₀ Tonne Bier³. Sogar die Insassen des Zuchthauses in Amsterdam erhielten im 18. Jahrhundert wöchentlich einmal Rauchfleisch oder Speck, einmal Stockfisch, ferner Erbsen, Bohnen und Grütze⁴. Bedeutungsvoll ist es auch, dafs der Branntwein keine Rolle in der Volksernährung spielt. 1692 kommt zum erstenmal das Wort Jenever vor. Vorher war Bier die gewöhnliche Matrosenkost. Zuerst war die Konsumtion von Branntwein noch sehr gering. Auf dem Kriegsschiff „Overijsel" wurden 774 fl. für Bier und nur 42 fl. für Jenever gerechnet⁵. Die später so bedeutende Kornbrennerei in Holland verdankte ihren Ursprung erst dem Verbot des französischen Branntweins in den Jahren 1672—78.

Die zweite Hälfte des 18. Jahrhunderts brachte den Verfall der Industrie, stets wachsenden Steuerdruck, allgemeine Not und damit auch Herabdrückung der Lebenshaltung der Arbeiter. „Die Besteuerung der ersten Lebensmittel," sagt

---

¹ von Gülich I, 331. Berg l. c. 302.
² Folgendes Bild von der Lebensweise des Leydener Webers wird Ende des 18. Jahrhunderts entworfen: „Den ganzen Sommer hindurch ist auf den umliegenden Dörfern abwechselnd Kirmefs, wozu eine Anzahl Wagen vor den Thoren bereit steht, um den ausgelassenen Weber mit Frau und Kind nach dem angenehmen Dorf zu führen. Hier angekommen, ist alles Freude und Lust und ich brauche nicht zu sagen, dafs der ausgelassene Arbeiter, nachdem er wacker getrunken und getanzt hat, nach Hause gekommen gar keine oder mindestens sehr wenig Lust zur Arbeit hat und lieber alles liegen läfst, als seine Begierden zügelt." Brender a Brandis, Vaderlandsch Kabinet van koophandel, zeevaart etc. Amsterdam 17••, II, 167.
³ Joh. Tjassens: Zeepolitio 1670, p. 105. Ein Bootsmann erhielt Mitte des 18. Jahrhunderts auf der Reise von Amsterdam nach Danzig 3mal Stockfisch und 4mal Fleisch. Fournier, Archiv für österreichische Gesch. 1857, p. 461.
⁴ Archief vroegere en latere mededeelingen voornamelijk betrekkelijk tot Zeeland V, 1, 101.
⁵ De Jonge: Geschiedenis van het nederlandsche zeewezen, 2º druck III, p 415. Gleichzeitig heifst es in England: „Before brandy came over into England in such quantities as it now doth, we drank good strong beer and Ale and all laborious people use to drink a pot of Ale or a flagon of strong beer." Harleian Miscellanies VIII, 537.

Niebuhr[1], „war so gräfslich, dass das Brot aus halb ausgequollenen und nicht gemahlenen Körnern verbacken ward, um der Mahlsteuer zu entgehen, dafs Thee der elendesten Art die einzige Würze dieses elenden Mahles ward und es ausgemacht ist, wie Abhungerung die menschliche Natur so weit ausgemergelt hatte, dass am Ende des 18. Jahrhunderts fünf Arbeiter nur die Kraft äufsern konnten, die 100 Jahre früher vier geäufsert."

Auch die Wohnungsverhältnisse der ärmeren Bevölkerung scheinen im 17. Jahrhundert nicht ungünstige gewesen zu sein. Wenigstens heifst es in einer von Aitzema reproduzierten Flugschrift aus der Mitte des 17. Jahrhunderts, dafs die allergemeinsten Häuser in Amsterdam nur von je drei Familien bewohnt würden[2]. Sir William Petty versichert um dieselbe Zeit, dafs die Wohnungen der allerärmsten Leute in Holland und Seeland zwei- und dreimal so gut seien als in Frankreich[3].

Mit dem Anwachsen der Bevölkerung trat wohl eine Verschlechterung der Wohnungsverhältnisse ein, zumal die Vergröfserung der Städte nur in längeren Zwischenräumen erfolgte. So wurde in Leyden schon 1643 Klage geführt, dafs eine Menge Leute von dort aus Mangel an Wohnungen sich nach andern Orten gewandt haben[4]. — Für Amsterdam liegen einige statistische Daten für das 18. Jahrhundert vor. 1725 wurden 662 Häuser durch 5859 nicht unterstützte und 82 Häuser durch 2042 unterstützte Réfugiés bewohnt; es kommen also ca. 24 Personen auf ein von der ärmeren Bevölkerung bewohntes Haus[5]. 1747 bewohnten 41561 Familien in Amsterdam 26317 Häuser, davon 18740 Familien Keller und Hinterhäuser[6]. In Delft bewohnten 1732 22000 Personen 4236 Häuser, in Leyden lebten 70000 Einwohner in 10890 Häusern, in Dordrecht 18000 Einwohner in 3955 Häusern, in Haarlem 40—50000 Einwohner in 7963 Häusern[7].

Auch die Frauen- und Kinderarbeit wird erst in den letzten Decennien des 17. Jahrhunderts allgemeiner. Zwar hat es nie an Gewerben gefehlt, die der Hand der Frau bedurften, so die Spinnerei und die Wollkämmerei schon im Mittelalter. Aber neu war das Zusammenarbeiten von Frauen und Männern in grofsen Manufakturen, z. B. in den Kattun-

---

[1] Niebuhr: Cirkularbriefe aus Holland, Nachgelassene Schriften nichtphilologischen Inhalts, p. 451.
[2] Aitzema: B. 53, p. 835.
[3] Petty, Political arithmetic p. 103. Soutendam: Mededeelingen uit het archief der stad Delft 1862, p. 41, macht auf den guten Zustand der Gesundheitspolizei in den holländischen Städten aufmerksam.
[4] Dozy: Overzicht van de geschiedenis der Leidsche nijverheid, 1889, p. 28.
[5] Berg, Réfugiés, p. 34.
[6] Wagenaar, I, 2. 51. de Bosch Kemper p. 138.
[7] Tegenw. staat v. Holland IV. Kap. 8, 9, 10.

druckereien¹, neu ihre Beschäftigung in schweren und ungesunden Gewerben, wie beim Salzsieden², beim Lumpenzerreifsen in Papierfabriken³, in Ziegeleien etc.⁴.

Noch schroffer ist der Übergang bei der Kinderarbeit. Die Bestimmungen der Gildestatuten über die Anzahl der Lehrlinge im Verhältnis zu den Gesellen, die Festsetzung der Lehrzeit, die Bestimmung, dafs die Lehrzeit bei einem und demselben Meister abgemacht werden mufste, machten eine Beschäftigung von jugendlichen Arbeitern unter dem Scheine von Lehrlingsverhältnissen unmöglich. An diesem Standpunkt hielt die Gesetzgebung fest, bis auch hier die Einwanderung der französischen Hugenotten eine Änderung der Anschauungen bei den städtischen Regierungen veranlasst. — So wurde 1683 ein Waisenhaus in Amsterdam den Réfugiés eröffnet, um dort Seide fabrizieren zu lassen⁵. 1682 war dort das Seidenwindhaus gegründet worden, in dem Kinder von 7—12 Jahren Seide haspeln sollten⁶. In Middelburg schlofs die Armenverwaltung mit einem Franzosen einen Vertrag, damit in dessen Tuchweberei eine Anzahl Waisenkinder beschäftigt werden sollten⁷. Wo Unternehmer fehlten, ging die Armenverwaltung selbst mit der industriellen Beschäftigung von Kindern vor. So wurden in Middelburg Kinder armer Leute, die keinen Verdienst hatten, von der Diakonie mit Herstellung von Seilen beschäftigt⁸.

Aber schon Mitte des 18. Jahrhunderts nahm die Gesetzgebung wenigstens für einige wichtige Zweige der Hausindustrie die alten Traditionen auf und setzte der Beschäftigung von Kindern gewisse Schranken. So bestimmt Art. 8 der „Keure" für die Seidenbandwebergilde in Haarlem vom 1. September 1752, dass fortan nicht mehr als 1 Lehrling oder an seiner Statt eine Person, die weniger als den gewöhnlichen Knechtslohn verdient (der die Hälfte von dem beträgt, was der Meister (fatsoenbaas) erhält, und in betreff dessen die Fabrikanten zu sorgen haben, dafs der Arbeiter nicht verkürzt werde), in jeder Werkstatt sein soll oder solle gehalten werden, bei Strafe, dafs derjenige, der mehr als einen Lehrling hält,

---

¹ Frauenarbeit in der Kattundruckerei wird schon 1687 erwähnt. Vgl. Skoet Tijdschrift 1877 p. 9.
² Beim Salzsieden fand Eversmann ausschliefslich Weiber beschäftigt. F. A. Eversmann, königlich preufsischer Bergrat und Fabrikkommissar, Technologische Bemerkungen auf einer Reise durch Holland, 1792, p. 131.
³ Eversmann l. c. p. 59.
⁴ l. c. vgl. über die Frauenarbeit noch p. 125 und 145.
   Berg, Réfugiés p. 160.
⁵ L'Espine und Le Long, Koophandel van Amsterdam, II, p. 272. Tegenwoordige staat van Holland V, 120. Die Mädchen erhielten in dieser Anstalt auch Unterricht.
⁷ Coronel Middelburg voorheen en thans p. 120.
⁸ Coronel p. 107.

jedesmal eine Bufse von 25 Carolusgulden erlegen soll, wovon ⅓ der Denunziant, ⅔ die Gilde erhält[1].

Merkwürdig ist, namentlich wenn man noch das Verbot des Trucksystems, das die hausindustriellen Ordnungen aussprechen, heranzieht, die Analogie mit der modernen Arbeiterschutzgesetzgebung, noch merkwürdiger, dass damals die Arbeiter der Hausindustrie am meisten beschirmt wurden, im grellen Kontrast mit der Gegenwart, wo gerade die Hausindustriellen alles gesetzlichen Schutzes entbehren oder ihn doch am spätesten erlangen[2].

Endlich fehlte es den Arbeitern nicht an gesetzlich anerkannten Organisationen. In vielen holländischen Städten giebt es sog. Knechtsgilden. Dieselben finden sich vom 15. bis zum Ende des 18. Jahrhunderts vor[3]. Knechtsgilden sind bisher nachgewiesen bei den Porzellandrehern in Delft, bei den Töpfern und Böttchern in Gouda, bei den Schneidern und Maurern im Haag, bei den Weissgerbern in Leyden, bei den Seidenbandwebern in Haarlem, bei den Porzellantöpfern, Schiffern, Hutmachern, Schneidern in Utrecht, bei den Schneidern, Maurern, Lederarbeitern, Knopfmachern, Wollkämmern, Kupferschmieden, Hutmachern (seit 1626), Bäckern (seit 1490), Schuhmachern (seit 1606), Kistenmachern (seit 1616), Schreinern, Steinmetzen und Zimmerleuten in Groningen. Die Organisation der Knechtsgilden ist ein Gegenstück zu den Meistergilden. Auch an ihrer Spitze stehen „Deken und Vinders". So wird die Seidenbandweber-Knechtsgilde in Haarlem von einem „Deken und vier Vinders", die der reformierten Kirche angehören müssen, geleitet. Von diesen scheidet der Deken und ein Vinder jährlich aus, um aus einer Vorschlagsliste von vier Personen vom Stadtrat ergänzt zu werden[4].

---

[1] Keuren: Haarlem II, 195. Vgl. auch Art. 23 der Ordnung für die Spitzenwebergilde in Haarlem vom 8. September 1756 (Keuren II, Anhang p. 11), der dieselbe Tendenz verfolgt: Kein Lehrling, der die Lehrzeit durchgemacht, soll für weniger, als der Gesellenlohn beträgt, arbeiten, bei Strafe von 6 Gulden, und darf kein Fabrikant oder Meister einen solchen für weniger Lohn arbeiten lassen bei Strafe von 25 fl.

[2] In Holland erstreckt das Gesetz vom 5. Mai 1889 seine Schutzbestimmungen auch auf die in der Hausindustrie beschäftigten Frauen und jugendlichen Arbeiter.

[3] In einigen Fällen führen diese Verbindungen auch den Namen societeit und compact. Feith: De gildis Groninganis, p. 109. Feith ist meines Wissens der einzige Autor, der dieser Arbeiterverbindungen Erwähnung thut. Aufmerksam gemacht durch ihn, wandte ich mich an Herrn Prof. P. J. Blok in Groningen, dessen liebenswürdiger Bereitwilligkeit ich fast alles verdanke, was oben über die Knechtsgilden mitgeteilt ward. Ob bei der Stofjenswerkergilde in Utrecht eine eigene Knechtsgilde bestand, ist fraglich. Vgl. Art. 14 der betr. Ordonnanz.

[4] Ordonnantie op. de Bos van het Zyde Lintwerkers Knechtsgild (1752) Art. 1. — In einem Ratsbeschlufs vom 27. August 1735 heifst es, dafs die Maurergesellen, Aufsetzergesellen und Seidenbandwebergesellen in Haarlem eine Gilde nicht hätten. (Keuren: Haarlem I, 89.) Dagegen

Obwohl die Knechtsgilden nur mit Zustimmung der Meistergilde und des Stadtrates errichtet, ausschliefslich für Unterstützungszwecke, namentlich für Krankenunterstützung, bestimmt gewesen zu sein scheinen, so wufsten sie doch gelegentlich auch andere Interessen ihrer Mitglieder den Meistern gegenüber zu wahren. Hierauf deutet schon die von Feith erwähnte Klage der Hutmachermeister in Groningen über die Verbindung ihrer Gesellen hin[1].

Nachdem 1694 der Rat in Groningen beschlossen, dafs fortan fremde Gesellen ohne Lehrzettel in Groningen arbeiten dürfen, erhob unter dem 16. Februar 1704 die Knechtsgilde der Steinmetzen und Zimmerleute hiergegen Protest, weil dadurch der Erwerb der einheimischen Arbeiter beeinträchtigt werde. Als diese Beschwerden 1731 wiederholt wurden, sah sich der städtische Magistrat zur Aufhebung seines früheren Beschlusses gezwungen[2].

Auch den Arbeitsnachweis scheinen die Knechtsgilden in die Hand genommen zu haben. Wenigstens weist darauf Art. 12 der Schusterknechtsrolle in Groningen von 1760 hin: „Kein Meister soll einen Knecht halten, der nicht auf der Liste der Knechte steht." Andererseits wussten die Meister ihren Einflufs zu benutzen, um ihren Interessen günstige Bestimmungen in die Statuten der Knechtsgilden einzurücken. So heifst es z. B. in den Statuten der Bäckergesellen in Groningen (1490): „Wenn ein Knecht sein Gebäck vernachlässigt, es sei grofs oder klein, so zahlt er Strafe."

Verwandt mit der geschilderten war die Organisation gewisser bei einfachen Verrichtungen gebrauchten Arbeiter, hauptsächlich der Kornträger (Koorndraagers), Bierträger (Bierdraagers), Torfträger (Turfdraagers) und Arbeiter an der Wage (Waagdraagers)[3]. Allerdings handelt es sich hierbei nicht um Lohnarbeiter, sondern um genossenschaftlich verbundene, zum teil obrigkeitlich angestellte, selbständig arbeitende Personen. Die Kornträger in Amsterdam bildeten eine geschlossene Korporation, die nur gesunde Personen im Alter von 18 bis 38 Jahren gegen ein Eintrittsgeld von 50 fl. aufnahm. Die Bierträger und Torfträger wurden in bestimmter

---

wird in der Einleitung zu den Statuten der Krankenkasse der Seidenbandweber (1752) ausdrücklich hervorgehoben, dafs diese Kasse auf Ansuchen von Deken en Vinders der Seidenbandweberknechtsgilde errichtet worden. Man mufs also annehmen, dafs diese Knechtsgilde zwischen 1735 und 1752 ins Leben gerufen wurde.

[1] Feith: p. 109.
[2] Gef. Mitteilung des Herrn Prof. P. J. Blok. Nach einigen Andeutungen in Brender a Brandis Vaderlandsch Kabinet van Koophandel 1785 III, 203, 207 f. scheinen die Porzellanarbeiter in Delft ihre Knechtsgilde zur Durchkämpfung von Lohnforderungen benutzt zu haben.
[3] Vergl. Wagenaar IV 1, 416. 419 f. Keuren: Haarlem II, 167 f. 315 f. 264. 470 f.

Zahl von den Bürgermeistern angestellt, hatten das ausschliefslichc Recht, die in ihr Ressort fallenden Arbeiten vorzunehmen und waren dafür zu gewissen öffentlichen Diensten (Feuerwehr u. dgl.) verpflichtet.

Die Hauptaufgabe der Knechtsgilde bestand in der Unterstützung erkrankter Genossen. Aber auch in den Gewerben, in denen Knechtsgilden nicht vorhanden waren, fehlten nicht von den Arbeitern unter Aufsicht des Magistrats verwaltete Krankenkassen[1]. Das Bedürfnis nach diesen mufste sich besonders in den Orten geltend machen, wo eine grofse Anzahl fremder Arbeiter Beschäftigung fand. Es ist daher kein Zufall, dafs gerade in Haarlem, dem „Thron der Fabriken", eine grofse Anzahl von Kassen während des 18. Jahrhunderts errichtet wurden. Es wurden alle Arbeiter des gleichen Gewerbes oder auch Arbeiter, die aus ein und derselben Gegend stammten, zum Beitritt in die betreffenden Kassen veranlafst. Beispiele solcher landsmännischer Kassen sind die Kasse für die Arbeiter aus der Meierei van den Bosch und die westfälische Kasse in Haarlem[2], die Kasse der Réfugiés in Leyden[3].

Neben diesen obligatorischen Kassen fanden sich auch freiwillige Kassen, die nur Mitglieder von normaler Gesundheit und von bestimmtem Lebensalter aufnahmen, oder auch den Kreis der Mitglieder auf eine bestimmte Anzahl beschränkten[4]. In einzelnen Kassen wurden auch die Frauen der Arbeiter[5] und Lehrjungen zugelassen.

Die Leistungen der Kassen bestanden in Zahlung eines Kranken- und Sterbegeldes. In der Regel betrug das erstere 2—3 fl., das letztere, das auch den Frauen der Mitglieder zu gute kam, 10—50 fl. An wöchentlichen Beiträgen wurden meistens 2—3 stuivers, abgesehen von dem Eintrittsgeld, erhoben. Auch waren alle Mitglieder verpflichtet, am Lager des kranken Genossen zu wachen und ihm die letzte Ehre zu geben. Die Zeitdauer der vollen Unterstützung betrug in der Regel 13 Wochen, bei länger währender Krankheit wurde ein geringerer Betrag bezahlt, bei mehr als einjähriger Krankheit hörte jede Verpflichtung der Kasse auf[6]. Neben den Kranken-

---

[1] Art. 19 der Ordonnanz für die Schuhmacherkasse in Haarlem bestimmt, dafs diejenigen Mitglieder, die einer Gilde beitreten, aus der sie Krankenunterstützung erhalten, gestrichen werden sollen.

[2] Die letztere bestand schon 1631.

[3] Particuliere Keuren en Ordonnantien van Leyden. Ordonnanz für die Börse der Réfugiés von Frankreich (1749).

[4] In der Maurerkasse in Leyden wurde die Mitgliederzahl auf 100 beschränkt und das Beitrittsalter auf 30 Jahre festgesetzt. Particuliere Keuren en Ordonnantien van Leyden 1757. In die Brauerkasse wurden über 40 Jahre alte Personen nicht aufgenommen.

[5] Z. B. in der Seidenbandweberkasse in Haarlem. Keuren II, 444.

[6] Maurerkasse. Leyden. Art. 9.

kassen bestanden Sterbekassen für Männer und Frauen, die gelegentlich auch die Altersunterstützung in ihren Bereich zogen. Die Mitgliederzahl war begrenzt und die Aufnahme an eine Altersgrenze von 40 Jahren geknüpft. Dieselben zahlten gegen einen Beitrag von 1¹/₂ st. ein Begräbnisgeld von 25—80 fl.[1].

Fassen wir, was über die Lage der holländischen Arbeiter im einzelnen gesagt, zu einem Gesamturteil zusammen.

Marx' Behauptung, Hollands Volksmasse sei schon 1648 mehr überarbeitet, verarmter und brutaler unterdrückt gewesen, als die des übrigen Europa insgesamt, dürfte nicht zutreffen[2].

Solange die Gildeverfassung erhalten blieb, wirkte sie wie eine schirmende Brustwehr für die Arbeiter. Als Ende des 17. Jahrhunderts die gewerblichen Schranken teilweise zertrümmert wurden, als Frauen- und Kinderarbeit, Trucksystem ihren Einzug in die Industrie hielten, mochte dadurch die Lage der Arbeiter verschlechtert werden. Aber, wie wir sahen, reagierte dagegen schon im 18. Jahrhundert die Gesetzgebung und die Arbeiter hielten zähe an den alten Überlieferungen fest[3].

Bis zum Ausgang des vorigen Jahrhunderts wird über die Unabhängigkeit, ja Ungebundenheit der holländischen Arbeiter von den Fabrikanten Klage geführt. — In allen Ländern hat die Auflösung der alten gewerblichen Ordnung an der Wende des 18. und 19. Jahrhunderts die Arbeiter zurückgeworfen. In Holland wirkte die Einführung der freien Konkurrenz verheerender als in anderen Staaten, da sie nicht mit einem wirtschaftlichen Aufschwung, sondern mit dem Ruin der Industrie und der Agonie des industriellen Lebens zusammentraf. Dies erklärt den Gegensatz zwischen der Lage des holländischen Arbeiters in diesem und den beiden vorangegangenen Jahrhunderten.

[1] Auch Witwen- und Waisenkassen waren zahlreich vorhanden. Z. B. für die Maurer, Leichenbitter, Bedienstete der Ostindischen Compagnie, für die Arbeiter der Stadtfabrik in Middelburg. Coronel p. 168.
[2] Marx, Kapital I³, 780.
[3] Bei den Amsterdamer Kattundruckern herrschte der Brauch, daß auf 7 Gesellen 1 Lehrling beschäftigt wurde; als die Meister eine größere Anzahl von Lehrlingen anstellten, kam es im Mai 1744 zu einer allgemeinen Arbeitseinstellung. Het ontroerd Holland, p. 300.

VI.

Zur Geschichte der socialen Bewegung in den Niederlanden.

Der beispiellos rasche Aufschwung, den die wirtschaftliche Entwickelung der vereinigten Niederlande im 17. Jahrhundert genommen, hatte auch neue sociale Gegensätze erzeugt. — Im 16. Jahrhundert war auf dem Lande die Naturalwirtschaft noch vielfach anzutreffen[1]. Bis zum Anfang des 17. Jahrhunderts war Holland ein kapitalarmes Land, was am besten der Umstand beweist, dafs der Handel nach Ostindien ursprünglich mit Antwerpener Kapital getrieben wurde[2]. Mitte des 17. Jahrhunderts besafs Holland nicht nur eine grofse Staatsschuld, sondern machte auch grofse Anleihen an England[3], Dänemark und andere Länder[4]. Der Handel der Republik war zum Welthandel geworden. Ihre Flagge zeigte sich auf allen Meeren.

Doch anstatt dieser Entwickelung im einzelnen nachzugehen, fragen wir hier nach ihren socialpolitischen Folgen. —

---

[1] Zur Zeit Karls V. bediente man sich der Eier als Geld auf dem Lande. Fruin: Tien Jaren, p. 266. Viele Einzelheiten über den niedrigen Kulturzustand des Landes im 16. Jahrhundert bei Leeghwater: Klein chronykje.

[2] Van der Chijs: Geschiedenis der stichting van de ostindische compagnie, 1857, p. 5.

[3] Ein grosser Teil des zum Aufbau von London nach dem Brande von 1666 erforderlichen Kapitals war holländisches Geld. 8. report of the R. commission on historical manuscripts (London 1882).

[4] Staatsschuld der Provinz Holland:
    1620   40 Millionen fl.
    1629   69   -   -
    1650 140   -   - + 13 Millionen fl. laufende Schuld.
Von den 11 Millionen, die das Einkommen der Provinz in friedlichen Zeiten ausmachten, waren 6 Millionen an Zinsen und Renten zu zahlen. (Nach Aufzeichnungen auf dem Stadtarchiv Amsterdam aus 1665—72.)

Der Handel nach Indien und Amerika lag in den Händen privilegierter Gesellschaften. Aber auch dort, wo der Handel, wie nach der Levante, frei war, bewirkte die Natur des damaligen Geschäfts, wie gesetzliche Vorschriften, dafs nur eine kleine Zahl von Handelshäusern reiche Gewinne machen konnten[1].

Neben den alten Grundstock der Bevölkerung, die Bauern, Schiffer, Fischer, Zunftmeister und kleine Kaufleute, trat eine neue Klasse von Grofskaufleuten, Reedern, Steuerpächtern, Staatsgläubigern, Aktionären[2], Spekulanten. Schon Anfang des 17. Jahrhunderts waren Millionäre keine Seltenheit. Isaak le Maire konnte in seiner Grabschrift sagen, dafs er 1 500 000 Gulden verloren habe[3].

Aber auch der Schatten zu diesem glänzenden Bilde fehlte nicht. Die Zeiten waren längst vorüber, in denen ein venetianischer Gesandter den Holländern nachrühmen konnte, dafs bei ihnen niemand ein Almosen erbitte, und wenn Jemand eine milde Gabe spenden wollte, so würde er nicht wissen, wem er sie zuwenden könnte[4]. Das ganze Land wimmelte von Bettlern, die man vergeblich durch harte Strafen zu schrecken hoffte[5]. Wesshalb trotz der Zunahme des Nationalreichtums auch die Armut wuchs, erklärt de Bosch Kemper auf folgende Weise: „Obwohl mit dem ostindischen Handel und der Trockenlegung von Ländereien ansehnliche Vermögen gemacht wurden, wurden die Gewinne gröfstenteils von den Reedern und Unternehmern genossen. Dazu kamen grofse Veränderungen im Erwerbsleben, da die neuen Erwerbszweige den Verfall von älteren bewirkten und denjenigen, die in verfallenen Gewerben ihre Existenz fanden, dies in den neuen Berufsarten nicht immer glückte.... Endlich moralische Ursachen.... Die grofsen Gewinne im Handel veranlafsten

---

[1] Savary: Dictionnaire du commerce II. 396 sagt ausdrücklich, dafs der Handel nach der Levante von einem einzelnen Kaufmann schwer betrieben werden könne, weil er ein beträchtliches Kapital erfordere.

[2] Aktionäre, allerdings nicht Couponabschneider. Die Zinscoupons zu den Obligationen der Ostindischen Compagnie wurden erst im 18. Jahrhundert eingeführt. Felix Hecht: Beitrag zur Geschichte der Inhaberpapiere in den Niederlanden, 1869, p. 123.

[3] Bakhuizen van den Brink: Studien en Schetsen IV, 228. 230.

[4] „E cosa mirabile et è pur vera, che non vi è persóna in tutto il paese, che non habbi commodità di viver bene conforme alla sua conditione, nessuna cerca alemosine ne chi volesse sapria a chi darla." Brieven van Lionello en Suriano aan Doge en senaat van Venetie in de jaren 1616, 1617, 1618. Werken van het historisch genootschap te Utrecht. Nieuwe serie No. 87. 1883 p. 409.

[5] Die wichtigsten gegen die Vagabundage gerichteten Gesetze und Verordnungen: Gesetz Karls V. v. 7 11. 1531. Plakaat d. Staaten v. Holland 10. 12. 1595, 19. 3. 1614, 12. 5. 1619. Plakaat der Staaten v. Seeland: 19. 7. 1607, 16 und 17. 9. 1614, 25. 11. 1698, 23. 9. 1705. Keuren: Haarlem 30. 4. 1648, Keuren: Leyden 1658 p. 116.

die Menschen, allerhand gewagte, erlaubte und unerlaubte Mittel zu gebrauchen, um reich zu werden. Manchmal glückten diese Mittel, häufig aber schlugen sie fehl und brachten dann Armut zuwege" ¹.

Aber auch bei den Klassen, die am meisten von der neuen Entwickelung begünstigt wurden, war keineswegs allgemeine Zufriedenheit eingekehrt. Die Bauern murrten über mangelnden Schutz gegen Wildschaden², über das Verbot, viele Gewerbe auf dem platten Lande zu betreiben, viele Gewerbtreibenden litten unter der „Tyrannei und dem Monopol der Gildebrüder", der Handel unter den zahlreichen Binnenzöllen und Stapelrechten, das ganze Land unter schwerem Steuerdruck, schlechter Handhabung der Justiz und der Verwaltung.

Als im Jahre 1650 nach dem Tode Wilhelms II. die Ernennung eines neuen Statthalters unterblieb und Jan de Witt 1653 zum Ratspensionär von Holland, d. h. zum Leiter der gesamten innern und äussern Politik gemacht worden war, wurde mit diesen Ereignissen eine Aera innerer Kämpfe für Holland eingeleitet, in denen das allgemeine Mifsbehagen sich Luft machte. Zwei Parteien, die Anhänger de Witts, die sog. Loevesteinsche Fraktion, und die sich um das oranische Banner scharende Statthalterpartei rangen miteinander. — Die Gegensätze von Monarchie und Republik, von Partikularismus und Centralgewalt³, von Orthodoxie und Freigeisterei⁴ prallten heftig aufeinander. Es war die Zeit der brutalsten Interessenkämpfe: Meineid, Rechtsbeugung, Bestechung⁵,

¹ de Bosch Kemper: Armoede, 2. druck p. 97.
² O van Rees: Geschiedenis der staathuishoudkunde I, p. 257.
³ Es ist nicht richtig, wie dies bei deutschen Historikern gewöhnlich geschieht, die Statthalter als Vorkämpfer der unitarischen Interessen, ihre Gegner als Partikularisten hinzustellen. Am deutlichsten zeigt sich das Irrige dieser Vorstellung in dem Antrag, den die Provinz Holland, stets die Hauptstütze der antioranischen Bestrebungen, 1674 stellte, die von der französischen Occupation befreiten Provinzen Utrecht, Gelderland, Overijsel nicht mit den früheren Rechten in die Union aufzunehmen, sondern sie als Generalitätsländer (wie Nordbrabant) zu behandeln. Wäre dieser Antrag angenommen worden, so wäre der Einheitsstaat geschaffen gewesen.
⁴ „Ich kann nicht anders als mit Grausen gedenken, wie, dafs ein gewisser Bürgermeister (der de Wittschen Partei) vor etlicher Zeit durfte sagen, dafs er Moses' und Eulenspiegels Büchern einem so viel als dem andern glaube." Unterschiedliche Considerationes über den gegenwärtigen Zustand der noch übrigen Provinzen der vereinigten Niederlande, 1672.
⁵ Der französische Gesandte d'Estrades schreibt: „Ich kenne hier nur vier Personen, die nicht mit Geld zu kaufen sind, die beiden Brüder de Witt, die Herren van Beuningen und Beverning. Die andern kann man mit Geld zu seiner Verfügung haben, wie man will." Het ware Karakter van den Raadpensionaris, Jan de Witt en zyne factie, Haag 1757, p. 31. „Es ist jedem von uns genug bekannt, dafs der König von Frankreich durch seine Louisdors eher unsere Städte, Grenzen, Festungen eingenommen, die Wälle bestürmt, die Offiziere und

selbst Meuchelmord waren an der Tagesordnung in der inneren Politik, wie in der äusseren.

Merkwürdigerweise und überaus kennzeichnend für den Charakter der Zeit, die er schildert, spricht der Geschichtsschreiber dieser Periode, Aitzema, bereits einige Grundgedanken der materialistischen Geschichtsauffassung aus: „Gekrönt oder ungekrönt, wer die Macht hat, gebraucht sie; jeder lauert nur auf die Gelegenheit, wenn die geboren ist, dann ist die Aktion und das Recht geschaffen", und an anderer Stelle: „Es ist natürlich, dafs jeder dem nachjagt und nachgeht, was er liebt, und jeder liebt sein Interesse. Inzwischen ist es der beste Rat, es mit dem Stärksten zu halten; denn alle Macht ist göttlichen Ursprungs und wer die Macht hat, gebraucht sie¹."

Umsonst bewies der Ratspensionär de Witt in einer ausführlichen Denkschrift, dafs die Steuerlast, unter der das Land seufzte, ausschliefslich der Regierung und den Kriegszügen der oranischen Statthalter zuzuschreiben sei, dafs Moritz, Friedrich Hendrik und Wilhelm vom Staate an Pensionen, Traktamenten u. s. w. nicht weniger als 20 Millionen fl. empfangen hätten². Ein grofser Teil des Volks, namentlich die Landbevölkerung, die Armee³, die Geistlichkeit⁴ und das Kleinbürgertum blieb dem alten Herrscherhause treu.

Während des ersten holländisch-englischen Krieges brach die Unzufriedenheit im Volke, die schon lange unter der Asche glimmte, in hellen Flammen aus. Durch den Krieg waren

---

Militärs zum Rückzug gezwungen, als die Franzosen selbst." Hollands Intrest gestelt tegens dat van Jan de Witt. 1672.

¹ Aitzema: Saaken van Staet en oorlogh Haag 1669—72. Buch 2), p. 18 und III. 841. Ranke polemisiert gegen diese Stelle des Aitzema, weil sie das Göttliche in der menschlichen Natur verkenne. Eine ähnliche Weltansicht auch bei La Court. Er sagt u. a.: „Dafs alle öffentlichen Köche ihren Vorteil zum Nachteil des Gemeinwesens suchen, ist sicher, ob sie jemals den Vorteil des Gemeinwesens zu ihrem Nachteil suchen, ist ganz unsicher."

² de Witt: Deductie ofte declaratie van de Heeren Staten van Hollanden Westvriesland, Mai 1654; vgl. auch la Court Aanwyzing III, 5. Wenn von Treitschke es krämerhaft findet, historische Verdienste auf Heller und Pfennig zu taxieren, so hätte er auch die Art tadeln müssen, in der die Staaten von Holland die Verdienste de Witts feststellten. Dieselben konstatierten nämlich 1663, dafs seine Akten in 15 Jahren 22591 Seiten umfafsten, die seiner Vorgänger in 67 Jahren 21475 Seiten. Kluit, III, 308.

³ Vgl. W. J. Knoop: De impopulariteit van ons leger tijdens de republiek 1881.

⁴ Über die politische Bedeutung der Geistlichkeit im allgemeinen zu jener Zeit vgl. La Court Kap. 73 (Handschrift). Über einen Versuch Frankreichs, durch Priester das Volk aufzuhetzen, um die alte Regierung herzustellen, vgl. Archives de la maison d'Orange Nassau par Groen van Prinsterer V, p. 158 (Februar 1655). Infolge ähnlicher Agitationen erfolgte das Verbot, dafs Priester keine Korrespondenz mit dem Auslande über politische Fragen unterhalten durften, sowie das Verbot, Predigten politischen Inhalts zu halten. Resol. Staaten General 26. 2. 1644, am. vert Res. Staaten Holland 7. 11. 1665 und 5. 12. 1665.

Handel und Industrie der Republik schwer geschädigt[1]. In Amsterdam standen 3000 Häuser leer und unter den Massen herrschte bittere Not und Arbeitslosigkeit. Die oranische Partei benutzte diese Gelegenheit, um Aufstände in Dordrecht, im Haag, Enkhuysen und andern Orten hervorzurufen und die Ernennung des Prinzen von Oranien zum Generalkapitän zu fordern[2]. Zwar wurden diese Schilderhebungen niedergeschlagen, aber damit war die Bewegung keineswegs erstickt.

Kein Jahr verging, ohne dafs in einem Teil des Landes die Empörung ihr Banner erhob. 1655 Bauernaufstand in Walcheren, 1654 Bürgerkrieg in Overijsel, Spaltung dieser Provinz in zwei Hälften, förmliche Belagerung von Städten, 1655 und 1657 Tumulte in Groningen.

Während des zweiten englisch-holländischen Krieges 1665 wurde das Land gleichzeitig mit dem Kampf nach aufsen durch innere Unruhen erschüttert[3].

Erst nach dem Frieden von Breda neigte sich der Sieg de Witt zu. Vornehme Anhänger der Oranier traten auf seine Seite[4]. Die Tripelallianz schien den Frieden nach aufsen ebenso zu verbürgen, wie das ewige Edikt, das die Statthalterwürde in der Provinz Holland abschaffte und die Funktionen des Statthalters von denen des Generalkapitäns und Generaladmirals für immer trennte, die Ruhe nach innen[5]. Da erfolgte 1672 die französische Kriegserklärung, der Vormarsch der Heere Ludwigs XIV. bis in das Herz des Landes, der unerwartete Verlust dreier Provinzen. Ein panischer Schrecken erfafste die Bürger. „Jeder liefs seinen Kopf hängen," sagt Valkenier. „Die Geschäfte standen still, die Gerichte waren

---

[1] „The outgoing fleet for the Baltic has been prevented for getting out for six weeks and more and all other ships also continue lying within our ports. From abroad we expect the costly home coming ships of the East India company. Six of the Baltic traders have fallen into the hands of the English. We are also expecting a number of Mediterranean traders and the silver freighted ships and ships engaged in the French and Spanish trade .... Nobody is loading ships to go out; the herring fishery stands still; rye and grain generally begin rapidly to rise in price from all which it follows, that thousands of men have neither work nor food." Brief de Witts an Beveringk bei J. Geddes: Administration of J. de Witt, 1879, p. 328.

[2] Über den Aufstand in Enkhuysen vgl. Resol. Staaten Holland 4. Sept. 1653 und Het ontroerd Holland p. 53 f. Wagenaar schiebt die Schuld an diesen Aufständen dem Pöbel zu. Erinnert man sich an den Ausruf des holländischen Mercurius (1653 p. 66), dafs sich überall die Canaille erhebe, so liegt der Schlufs nahe, dafs weniger politische als sociale Ursachen das treibende Motiv zu diesen Unruhen waren. Vgl. Kluit, Hollandsche Staatsregierung III, 267.

[3] Wagenaar: Amsterdam II, 18 p. 607.

[4] Z. B. Cornelius Aerssen van Sommelsdyk.

[5] Der Urheber des ewigen Edikts war nicht de Witt, sondern Gaspar Fagel, Pensionär von Haarlem und Gillis Valckenier. Kroon: Jan de Witt contra Oranje 1868, p. 130.

…hlossen, die Schulen machten Ferien..... Viele vergruben ihre Kostbarkeiten in Kellern, Brunnen und Höfen.... Die Landesobligationen fielen auf 30 °/₀, die ostindischen Aktien sanken von 572 auf 250 Gulden."

Die oranische Partei erhob wieder ihr Haupt; im Mai 1672 kam es zur Empörung in Dordrecht; das Bild von Cornelis de Witt wurde vom Stadthaus geholt und sein Kopf herausgeschnitten[1]. Rotterdam, Leyden, Haarlem und andere Städte schlossen sich der Bewegung an. Der Prinz von Oranien wurde zum Statthalter von Seeland gemacht, das ewige Edikt zurückgenommen. Es folgte die Ernennung Wilhelms III. zum Statthalter, Generalkapitän und Admiral von Holland, der Prozefs gegen Cornelis und Jan de Witt und das bekannte tragische Ende der beiden Brüder.

Die Umwälzung von 1672 ist vorbildlich für alle Revolutionen, die die Republik erschütterten. Was damals sich begab, fremde Invasion, Sturz der Loevesteinschen Fraktion, Restauration der Oranier, geschah in ähnlicher Weise 1747 und 1787. Eigentümlich aber ist dem 17. Jahrhundert eine sociale Bewegung, die dem politischen Konflikt parallel geht.

Denn während der Kampf zwischen de Witt und seinen Gegnern tobte, machte noch eine dritte Richtung ihren Einflufs auf das öffentliche Leben geltend.

Es handelt sich hier um eine Reihe von Erscheinungen auf religiösem, politischem und socialem Gebiet, zwischen denen ein innerer Zusammenhang sich nicht leugnen läfst. Folgende Thatsachen kommen in Betracht. — 1657 verursachten Quäker in Seeland und Rotterdam grofse Aufregung durch ihre Predigten, dafs alle Güter gemeinsam sein müfsten[2]. Da die Quäker, liest man im holländischen Merkurius, meistens Faulenzer und arm waren, suchten sie den Reichen weis zu machen, dafs sie die Welt verlassen und all ihr Hab und Gut den Nichtbesitzenden mitteilen müfsten. — Das Quäkertum, das später einen so friedlichen Charakter annahm, war in seinen Anfängen eine durchaus revolutionäre Richtung[3]. Die Quäker standen ursprünglich, wie Weingarten nachgewiesen, mit den Levellern, der extremsten Fraktion, die in der englischen Revolution auftrat, in engem Zusammenhange[4].

---

[1] Emanuel van der Hoeven: Leven en dood van Cornelis en Johan de Witt, 1705, II, p. 297.
[2] de Bosch Kemper: Armoede p. 97. Hollantse Mercurius, 1657, p. 6.
[3] Vgl. Weingarten: Die Revolutionskirchen Englands. Leipzig, 1868 p. 241 f. Verschiedene Schriften holländischer Quäker findet man aufgeführt bei Josef Smith: A descriptive catalogue of the books of the friends. II vol. Lond. 1867, und Rogge: Geschriften betreffende de nederlandsche hervormde kerk. Amsterdam 1864.
[4] Weingarten p. 243. Es sei in diesem Zusammenhange auch

Diese Quäker veranlafsten nun einen ihrer Apostel, William Caton (geb. 1636, † 1665) zu einer Agitationsreise nach Holland[1]. Derselbe kam 1655 nach Middelburg und Rotterdam, ohne jedoch grofse Erfolge zu erzielen. Im folgenden Jahre setzte er seine Agitationen fort; dieselben erschienen der Regierung jetzt so gefährlich, dafs er zu Middelburg verhaftet[2] und an Bord eines Kriegsschiffes nach England geschafft wurde. Interessant ist es, bei dieser Gelegenheit zu hören, dafs Caton Leute antraf, die sich den Quäkern angeschlossen, aber noch viel radikaler als diese zu sein schienen. Sewel, in seiner Quäkergeschichte, erzählt von Quäkern, die Bücher veröffentlichten, in denen nicht einmal die Eigennamen grofs gedruckt wurden[3]. Rädelsführer derselben war Isaak Furnier, nach Sewel ein hitziger und unruhiger Schwindelkopf. Er lebte wie Diogenes und bediente sich bei dem Feuer statt einer Zange eines gespaltenen Steckens. Welche Gefahr die Obrigkeit in den Quäkern erblickte, sieht man aus dem Umstande, dafs sie in der Provinz Friesland mit Zuchthaus bestraft wurden. In Amsterdam, wohin auch Caton sich begab, durften sie bis 1675 nur heimlich zusammenkommen[4].

Das Quäkertum war nicht die einzige religiöse Richtung, die, vom kirchlichen Boden ausgehend, auch die socialen Institutionen jener Zeit zu erschüttern drohte. Wie tief ähnliche Ideenrichtungen bereits in den Gemütern Wurzel geschlagen hatten, zeigt die Geschichte des Jean de Labadie (1610—1674). Ursprünglich Katholik, war er später zur reformierten Kirche übergetreten und hatte als Prediger der Gemeinde Middelburg

daran erinne,t, dafs der erste Theoretiker des Socialismus in England, John Bellers, ein Quäker war.
[1] William Sewel: Die Geschichte von dem Ursprung etc. des christl. Volkes, so Quäker genannt werden. fol. 1742. III. Buch p. 98
[2] Sewel IV. p. 126 f. Vgl. Catons Biographie: Dictionary of national biography, Bd. IX, 321 f.
[3] Sewel l. c.: Zur Charakteristik der Agitationsweise des Quäkertums noch folgendes. Der erwähnte Caton in einer Schrift: „Allarm geblasen allen Nationen" (1657) weissagt von einer schrecklichen Schlacht, in der die gottlose Oberheit niedergehauen werden soll durch das Schwert des Allmächtigen. Ein anderer Sektierer der damaligen Zeit, Praetorius, schrieb, dafs alle Königreiche sollten zermalmt werden. Quäker-Grewel, das ist abscheuliche aufrührerische verdammliche Irrtumb der neuen Schwermer, welche genennet werden Quäker. Hamburg 1661, p. 295 und 298.
[4] Mensinga in Bijdragen voor vaderlandsche geschiedenis door R. Fruin 1878, p. 113. In Danzig lautete die Forderung der Gewerke an den Rat 1677: Entfernung der verdammten Sekte der Quäker aus der Stadt. 1678 erfolgte der Befehl, jeden Quäker durch den Henkersknecht aus der Stadt zu entfernen. 1685 wurde verboten, quäkerische Schriften zu drucken. Löschin, Gesch. Danzigs 1822, II p. 6". Dafs Quäker damals gleichbedeutend mit Revolutionär war, ersieht man u. a. aus dem Titel einer Schrift, in der la Court als Quäker bezeichnet wird: De gansche distructie van den nieuw uitgevonden Cromwell, alias Leitschen Kwaker etc. Schiedam, Sandes.

eine grofse Wirksamkeit entfaltet. Solange er nur das religiöse Leben in der letzteren zu vertiefen und zu veredeln gesucht, hatte er allseitige Anerkennung gefunden. Auch nachdem er sich in Middelburg gegen das bestehende Kirchenregiment widersetzt, ihn Amtsentsetzung und Ausweisung getroffen, hatte er nur neue Triumphe gefeiert. Den Gemeinden, die er in Amsterdam, in Herford in Westfalen und Altona ins Leben rief, waren zahlreiche vornehme und einflufsreiche Männer beigetreten. Obwohl Labadies Tendenzen im schroffsten Gegensatz zur bestehenden Kirche standen, war der revolutionäre Charakter der von ihm geleiteten Bewegung nicht sofort erkannt worden. Für denselben legen aber die dogmatischen Lehren der Labadisten und noch mehr die eigentümlichen sozialen Einrichtungen, die ihre Gemeinden besafsen, Zeugnis ab[1]. So wurde die Gütergemeinschaft in der Gemeinde eingeführt, die Eheschliefsungen ganz von dem Ermessen der Oberen abhängig gemacht und die Kinder nicht als Eigentum der Eltern, sondern als ausschliefslich Angehörige Gottes und des Reiches Gottes, d. h. der Gemeinde, erzogen. Nach dem Tode Labadies siedelte seine Gemeinde nach dem Schlosse Waltha bei Wieuwerd (Provinz Friesland) über, wo sie in völlig kommunistischer Weise lebte. Die Gemeindemitglieder, Deutsche, Franzosen, Holländer, deren Zahl binnen kurzem auf 300 stieg, nannten sich Brüder und Schwestern und nahmen die Mahlzeiten gemeinsam ein. Neueintretende Genossen mufsten ihren Besitz der Gemeinde überweisen. Zum Zeichen des gemeinschaftlichen Eigentums blieben die Thüren der Wohnungen offen. Allgemeine Arbeitspflicht war geboten, jedoch wurden die Arbeiten derart verteilt, dafs die zuletzt Aufgenommenen die schwersten und niedrigsten Verrichtungen vorzunehmen hatten. — Die Produktion auf gemeinschaftliche Rechnung verschaffte den weltabgeschiedenen Bekennern der neuen Lehre jenen bescheidenen Wohlstand, den wir noch heute bei den kommunistischen Gesellschaften der Vereinigten Staaten beobachten. — Die Stiftung ähnlicher Kolonieen in Surinam[2] und Nordamerika[3], die von den Labadisten versucht wurde,

---

Heinrich Heppe: Geschichte des Pietismus und der Mystik in der reformierten Kirche, namentlich der Niederlande, Leyden 1879, p. 241—174. Die Protokolle des Kirchenrats der reform. Gemeinde in Amsterdam betr. Labadie bei Scheltema: Aemstels Oudheid VI, p. 135 f. Über Labadies Thätigkeit in Middelburg vergl. Bulletin de la commission pour l'histoire des églises wallones 1889, I. Vgl. auch Dr. J. Reitsma, Johannes Hevener en Balthasar Cohlerus, eene episode uit den tijd der Labadisten in Friesland, 1879, und Albrecht Ritschl: Geschichte des Pietismus, Bd. I. Geschichte des Pietismus in der reformierten Kirche, Bonn 1880, p. 194—246.

Vgl. auch Luzac, Hollands Rijkdom II, 107.

Laspeyres bespricht p. 105 f. das Pamphlet eines gewissen Pieter Plockhoy aus Zurikzee der anno 1662 das Projekt einer in mancher

hatte nicht den gleichen Erfolg wie die friesische Gemeinde. Die letztere, durch das Fehlschlagen dieser Gründungen in Mitleidenschaft gezogen, gab 1688 die Gütergemeinschaft auf. Wie sehr der Kommunismus das Lebensprincip der labadistischen Bewegung ausmachte, zeigte sich damals. Nachdem die wirtschaftliche Gemeinschaft zerrissen, lockerten sich auch die religiösen Bande. Die meisten Anhänger Labadies kehrten in den Schofs der reformierten Kirche zurück, und Anfang des 18. Jahrhunderts verlor sich auch die letzte Spur dieser merkwürdigen Bewegung.

Der Labadismus war nur ein Symptom einer allgemeinen socialen Gärung. Dieselbe gab sich auch noch in vielen anderen Äufserungen kund. Aus Mangel an näheren Nachrichten läfst sich nicht beurteilen, welche Bedeutung die Agitationen eines Londoner Anabaptisten, Etienne Corsol, hatten, der 1672 in Haarlem auftrat. Die Vermutung liegt jedoch nahe, dafs dieselben revolutionärer Natur waren, da gleichzeitig das Konsistorium der wallonischen Kirche in Haarlem den Armen, die die Häuser der Reichen plündern würden, die Unterstützung zu entziehen drohte[1]. — Dafs die Befürchtung eines revolutionären Ausbruches damals allgemein war, zeigen folgende Worte von Arend Tollenaer: „Es ist wahr, wir werden jetzt von 2 so ansehnlichen und mächtigen Königen von aufsen wohl sehr stark und schwer angefochten und bestritten, aber es liegt auf der Hand, dafs diese Republik im Winter sehr stark durch ihr eigenes Volk wird „ex necessitate" und die hart und schwer eindrängende Not von Leibesbedürfnissen (die ohne Ansehen oder eine Ausnahme alle Gesetze bricht) wird angefochten und bestritten werden[2]." 1696 brach in Amsterdam eine Revolte aus, die eine gewisse socialistische Färbung trug. Veranlassung war eine neue Verordnung, die der Magistrat für die Leichenträger und Leichenbitter erlassen hatte. Das Volk murrte, dafs nur die Reichen für ihr Geld ehrlich begraben, während die Armen wie Bettler behandelt werden sollten[3]. Nach dreitägigem Strafsenkampf wurde die Emeute niedergeworfen, eine Anzahl Rädelsführer gehängt und viele Beteiligte mit Zuchthaus bestraft. In diesem Aufstand spielten die Weber eine Hauptrolle[4].

Welche Volkskreise aber am meisten von den kommu-

Hinsicht ähnlichen Kolonie in Amerika entwarf. Vielleicht ist der Verfasser identisch mit dem bei Eden: State of the poor III. 370 erwähnten Peter Cornellisson von Zurikzee.

[1] Bulletin de la commission pour l'histoire des églises wallones, 1887, II, p. 335.
[2] Arend Tollenaer: Remonstrantie ofte vertoogh, 1672.
[3] Historie van den oproer te Amsterdam voorgevallen door der Stads Groot Achtbare Overheid en trouwe burger gestild sedert 31. Jan. 1696, Amsterdam. Willem Lamsveld 1702.
[4] Het ontroerd Holland p. 166.

nistischen Ideen ergriffen wurden, zeigt deutlicher als alles
andere eine Bemerkung des Pieter de la Court in einer
1659 verfaſsten Schrift[1]. „Die Handwerksleute," sagt er dort,
„die in ungünstigen Zeiten keine Arbeit bekommen können,
beschuldigen, wenn sie in Armut geraten sind, nicht ihre
eigene Ausschweifung, Geldverschleuderung und Liederlichkeit,
sondern, obgleich sie ihren Unterhalt von den Reichen und
Tuchmachermeistern beziehen, so schelten sie doch immer
voll Undank ihre eigenen Wohlthäter Blutsauger und sind
geneigt, die Gütergemeinschaft einzuführen und sich ebenso
reich, als die reichsten ihrer Meister zu machen."
    La Court pricht hier von den Arbeitern der Tuchindustrie.
Daſs gerade diese Arbeiter ähnlichen Ideen zugänglich waren,
kann nicht überraschen, da sie auch sonst als sehr unruhige
Elemente geschildert werden. Schon die Geschichte des
Mittelalters ist voll von den Aufständen der Weber und
Walker. Das 17. Jahrhundert bringt die Fortsetzung der
Kämpfe dieser streitlustigen Arbeiter. Schon 1618 wurden
die Aufseher der „Lakennering" in Amsterdam angewiesen,
über die Excesse und Unwilligkeiten der Tuchbereiter zu
wachen. Eine Verordnung vom 6. Januar 1638 spricht von
den täglich stattfindenden Versammlungen der Tuchscherer
behufs Erzielung besserer Arbeitsbedingungen und verlangt,
daſs jeder arbeitsuchende Knecht beim Gildeknecht sich ein-
zeichnen lassen solle. Im selben Jahre erlieſsen die Staaten
von Holland ein Verbot, fremde Tuchmachergesellen anzunehmen, ohne Vorzeigung eines mit dem Stadtwappen aus-
gestatteten Billets zum Beweise, daſs der betreffende Geselle
von seinem früheren Meister in Güte geschieden[2]. Eine
Verordnung vom 17. Juli 1638 bestimmte, daſs bei Unruhen
der Tuchmacher in einer Stadt die Vorsteher der Gilden aus
den übrigen Städten zu erscheinen hätten, bis die Ruhe
wiederhergestellt sei[3]. In der That erschienen schon im
Juli 1643 Dekane und Vorsteher der Tuchmachergilden aus
8 holländischen Städten in Leyden, um dort ausgebrochene
Unruhen der Tuchmacher zu schlichten. Nicht zufrieden mit
den Maſsnahmen der Gesetzgebung, suchten die Meister in einer
strafferen Organisation ihre Hilfe gegenüber der drohenden
Haltung der Arbeiter. Seit 1645 fanden abwechselnd in

---

[1] La Court: Welvaren ed. Wttewaal, Kap. 52, p. 73. Diese Stelle,
die interessanteste der ganzen Schrift, wird von Laspeyres nicht erwähnt.
Um dieselbe Zeit schreibt Weimann an den Grofsen Kurfürsten über die
Volksstimmung in Holland. „Zu geschweigen daſs das Volk fere ad
seditionem usque an den fürnemsten Orten murret und wütet, auch die
meisten Regenten ungeduldig, schwierig und desperat sind." Akten und
Urkunden zur Gesch. d. Kurf. Friedrich Wilhelm von Brandenburg
Bd VII, p 242.

[2] Groot Plakaatboek I. 1177.

[3] Groot Plakaatboek I. 1176.

einem der Hauptsitze der Tuchfabrikation Kongresse der
Meister aus allen holländischen Weberstädten statt, zu deren
Beratungsgegenständen in erster Reihe das Verhalten der
Arbeiter gehörte[1]. Die letzteren scheinen hierdurch wenig
eingeschüchtert worden sein. Bereits 1661 wurden geheime
Versammlungen der Tuchscherer in Amsterdam verboten[2].
Wie grofs die Besorgnis vor dieser Arbeiterbewegung gewesen
sein mufs, zeigen die grausamen Strafen, die die Verordnung
des Magistrats von Amsterdam vom 7. Juli 1682 androht[3].
Zuchthaus oder Geifselung trifft den Tuchscherer, der sich
an geheimen Versammlungen beteiligt. Im Jahre 1692 wurde
sogar die Todesstrafe auf das gleiche Vergehen gesetzt[4].
Charakteristischerweise zeigt sich das feindliche Verhältnis
zwischen Meistern und Arbeitern in einem Gewerbe, in dem
zu dieser Zeit die Beschäftigung ungelernter Arbeiter um sich
zu greifen begann[5]. Auch im 18. Jahrhundert scheinen die
Arbeiter der Tuchindustrie die gleiche trotzige Haltung bewahrt zu haben. Im Jahre 1718 wird von einem grofsen
Aufstand der Weber in Leyden berichtet und noch 1765 hielt
es der Magistrat von Amsterdam für nötig, eine Verordnung
gegen die Tuchscherer wegen einer über die Meister verhängten Sperre zu erlassen[6].

Trägt die Arbeiterbewegung in der Tuchindustrie einen
besonders ernsten Charakter, so fehlte sie doch keineswegs in
anderen Gewerben. Schon 1621 mufsten die Kürschnermeister
von Amsterdam die Arbeitsbedingungen zur Kenntnis der
Vorsteher der Gilde bringen, weil „häufig, ja täglich, grofse
Mifshelligkeit und Zwist zwischen Meistern und Knechten
entsteht[7]." — Gegen die Hutmachergesellen ging der Magistrat

---

[1] Dozy p. 34, vgl. Bleiswijck: Beschryvinge der stad Delft
1667, II, p. 601. Wagenaar IV. 1, 440. Dozy sagt, über diese Versammlungen ist nichts Näheres bekannt. Protokolle dieser Zusammenkünfte aus den Jahren 1667, 1677, 1685, 1686, 1687 und aus dem 18. Jahrhundert befinden sich jedoch auf dem Archiv zu Haarlem. Vgl. Enschedé,
Inventaris II. No. 2323 und Boomkamp: Alkmaar, p. 120.
[2] Hantvesten p. 521.
[3] Hantvesten Nachtrag 1671—83, IV, 3, 1132.
[4] E van Zurck: Codex Batavus. p. 638. Die Gefahr dieser Arbeiterbewegung wird auch von La Court sehr lebhaft hervorgehoben: „Ja
ohne allen Grund hat man in sehr blühenden Zeiten wiederholt gesehen,
dafs ein Haufe von neu eingewanderten, fremden Arbeitern, wie Tuchwebern, Appreturarbeitern etc. sich haben versammeln dürfen, um sich
gegen die Regierung zu widersetzen, so dafs, falls hier nur ein einziger
verzweifelter, angesehener und ehrgeiziger Bürger sich zum Führer der
Truppe hätte gebrauchen lassen, diese Unruhen nur mit grofsem Unheil
hätten gestillt werden können." La Court (Handschrift Z. 19.3, kgl.
Bibliothek, Haag), Kap. 76, p. 555 56. In Utrecht verbot eine Verordnung
vom 6. Januar 1696 den Tuchscherern bei Strafe von 50 fl., ihre Meister
zu schelten und die Werkstätten in Verruf zu erklären. Gr. Utr. Placaatboek III, 13 p. 767.
[5] Vgl. Hantvesten Amsterdam p. 1123.
[6] Wagenaar IV. 1, 440.
[7] Hantvesten III, 4, 565.

von Amsterdam in ganz ähnlicher Weise vor, wie gegen die Tuchscherer. Die geheimen Versammlungen der Hutmacher wurden verboten und die Arbeiter zur Unterzeichnung der betreffenden Verordnung bei Strafe der Entlassung gezwungen¹. — Die Schiffszimmerer von Amsterdam wufsten 1736, als ihnen eine Lohnherabsetzung drohte, diese in sehr energischer Weise abzuwehren. 2000 Mann stark, zogen sie vor das Stadthaus, um von den Bürgermeistern Beibehaltung des alten Lohnes zu fordern. Sie erklärten, lieber zu sterben, als von ihrem Lohn etwas abzugeben. Der Magistrat sah sich durch die Haltung der Arbeiter veranlafst, ihren Wünschen nachzukommen².

So trümmerhaft auch die Überlieferung der geschilderten socialen Kämpfe ist, ein Faktum tritt mit grofser Deutlichkeit hervor. Schon im Holland des 17. Jahrhunderts elektrisierten kommunistische Ideen die Massen, und in erster Reihe waren es die Arbeiter, die von diesen Gedanken ergriffen wurden. Der letztere Umstand mufs deshalb betont werden, weil bisher stets behauptet worden, dafs vor der französischen Revolution die Arbeiterbewegung keinem principiellen Gegensatz entsprungen sei³.

Freilich handelt es sich nur um ein vereinzeltes Wetterleuchten. Die sociale Bewegung des 17. Jahrhunderts ist schnell im Sande verlaufen. Selbst das socialistisch gefärbte religiöse Sektierertum verlor bald seinen akuten Charakter und damit seine Bedeutung⁴.

Im 18. Jahrhundert leben die Kämpfe zwischen der Statthalterpartei und der Staatspartei wieder auf. Aber es giebt daneben, abgesehen von Lohnkämpfen, keine selbständige, sociale Bewegung. In religiöser Form war sie abgestorben, in politischer Form konnte sie noch nicht erwachen. Die Arbeiter traten, soweit sie überhaupt politisch thätig, für die Oranier ein, z. B. die Amsterdamer Schiffszimmerleute bei dem Doelistenaufstande 1748⁵.

---

¹ „Es ist den Herrn vom Gericht bekannt geworden, dafs die Hutmachergesellen jeden Sonntag ihre Versammlungen und Komplotteryen halten zum Schaden der Meister. So wird bestimmt, dafs kein Meister einen Knecht beschäftigen soll, der sich (nach vorausgegangener Verwarnung) an derartigen Versammlungen beteiligt, bei Strafe von 6 fl., im Wiederholungsfall 12 fl. Hantvesten III, 4, 569 (18. Mai 1657, erneuert 7 November 1663). Über Unruhen der Töpfergesellen in Gouda: Nederlandsche Jaarboeken 1748, p. 306.
² Het ontroerd Holland, p. 249.
³ „Aufstände der Arbeiter finden sich nur infolge von Verletzungen von Zunftbestimmungen." Brentano: Arbeitergilden, I, 85. Die Gesellen „standen zu den zünftigen Meistern im schroffsten Gegensatz, verlangten aber nichts weiter, als selbst Meister werden zu können." Karl Kautsky: Die Klassengegensätze von 1789, p. 48, 49.
⁴ Die Zahl der Quäker war 1719 in Amsterdam auf 140 zusammengeschmolzen. De tegenwoordige staat der vereenigde Nederlanden. 1721. I.
⁵ Eine Anzahl Schiffszimmerer gehörte zu den Mitgliedern der oranischen Klubs in Amsterdam. Vgl. Wagenaar III, 31, 424.

Zur Statistik der Leydener Industrie.

I.

Tuchproduktion in Leyden.

1.

Zur Lakenhalle wurden gebracht:

Jahr	Stück	Jahr	Stück	Jahr	Stück	Jahr	Stück
1640	10 805	1668	20 918	1696	25 511	1724	17 223
1641	12 673	1669	17 890	1697	24 562	1725	16 152
1642	13 225	1670	16 471	1698	23 106	1726	14 171
1643	15 801	1671	22 740	1699	23 187	1727	17 466
1644	19 354	1672	15 122	1700	24 782	1728	12 479
1645	20 409	1673	9 997	1701	25 890	1729	11 879
1646	19 092	1674	14 580	1702	23 044	1730	11 552
1647	15 955	1675	19 905	1703	19 975	1731	11 787
1648	15 872	1676	17 270	1704	18 991	1732	12 715
1649	16 415	1677	17 894	1705	20 730	1733	12 250
1650	21 139	1678	15 580	1706	24 178	1734	11 417
1651	22 069	1679	16 857	1707	25 161	1735	13 847
1652	17 304	1680	21 275	1708	24 644	1736	9 390
1653	17 614	1681	19 008	1709	22 270	1737	8 826
1654	21 547	1682	22 752	1710	23 645	1738	8 206
1655	18 555	1683	24 001	1711	20 744	1739	8 101
1656	14 844	1684	18 952	1712	19 324	1740	7 391
1657	17 523	1685	17 794	1713	18 999	1741	7 409
1658	19 341	1686	17 701	1714	22 218	1742	6 798
1659	20 361	1687	22 355	1715	22 264	1743	6 963
1660	20 041	1688	22 223	1716	19 150	1744	7 133
1661	16 901	1689	22 226	1717	22 298	1745	6 627
1662	18 832	1690	16 831	1718	22 104	1746	6 774
1663	21 485	1691	23 716	1719	18 157	1747	6 436
1664	21 149	1692	24 805	1720	17 022	1748	5 943
1665	18 342	1693	26 261	1721	16 576	1749	6 419
1666	18 977	1694	25 016	1722	18 406	1750	6 708
1667	16 349	1695	24 086	1723	13 527	1751	5 636

Jahr	Stück	Jahr	Stück	Jahr	Stück	Jahr	Stück
1752	5450	1765	4308	1777	3685	1789	2772
1753	4983	1766	4425	1778	3930	1790	3029
1754	4605	1767	4191	1779	3781	1791	3028
1755	3825	1768	4602	1780	3722	1792	2813
1756	3808	1769	3346	1781	3418	1793	2666
1757	3966	1770	3021	1782	3185	1794	2857
1758	3883	1771	3256	1783	3324	1795	3187
1759	3901	1772	3504	1784	3357	1796	3759
1760	3822	1773	3359	1785	3316	1797	3370
1761	4359	1774	3580	1786	3393	1798	3721
1762	4231	1775	3494	1787	3933	1799	3425
1763	4001	1776	3323	1788	2940	1800	3329
1764	4352						

II.
Zur Baaihalle wurden gebracht:

Jahr	Stück	Jahr	Stück	Jahr	Stück	Jahr	Stück
1608	12 735	1677	7 649	1747	8 853	*1780	9 060
1612	9 878	1693	7 371	1748	10 443	1783	9 972
1621	17 720	*1700	6 059	*1750	8 110	1786	11 606
1633	27 359	1704	10 844	*1760	8 549	*1790	7 962
1640	18 971	1709	9 041	*1770	8 259	1800	11 716
1641	17 699	*1740	6 615	1776	8 930	1802	6 600
1650	17 571						

III.
Zur Greinhalle wurden gebracht:

Jahr	Stück	Jahr	Stück	Jahr	Stück	Jahr	Stück
1656	33 170	1703	15 566	1740	15 469	1780	3 358
1668	67 835	1710	20 231	1750	14 030	1790	2 338
1678	33 891	1718	33 624	1760	6 400	1800	1 870
1688	28 162	1720	21 156	1770	3 606	1802	2 700
1700	36 902	1730	21 013	1779	3 580		

Anmerkung: Die mit einem * bezeichneten Zahlen sind der Handschrift No. 375 der königlichen Bibliothek im Haag entnommen, die übrigen Luzac, Hollands Rijkdom II, 833, Orlers 274 zusammengestellt Wittewaal, Ausgabe La Court p. 117) und Dozy, Overzicht.

[1] Im Jahre 1760 5350 Stück Luzac)

IV.
Zur Saalhalle wurden gebracht:

Jahr	Stück	Jahr	Stück	Jahr	Stück	Jahr	Stück
1600	35 759	1658	35 000	1699	10 242	1716	3681
1612	47 000(+9000*)	1659	36 000	1700	8 540	1720	3360
1623	51 492	1663	37 175	1701	7 177	1730	1089
1640	32 578	1683	23 966	1703	6 035	1740	979
1643	34 410	1698	10 979	1713	3 403	1776	292

V.
Zur Fusteinhalle wurden gebracht:

Jahr	Stück	Jahr	Stück	Jahr	Stück	Jahr	Stück
1640	17 471	1710	7 580	1730	16 617	1763	29 444
1652	4 929	1713	12 859	1733	16 969	1770	27 990
1664	19 386	1714	12 359	1740	18 000	1780	24 405
1675	10 933	1715	12 256	1750	25 608	1787	17 160
1698	7 150	1717	16 369	1753	27 814	1786	19 041
1699	8 557	1720	14 300	1760	30 470	1802	10 670

II.

Kurze Eingabe der Tuchmacher an die Generalstaaten nebst Entgegnung der Regierung von Amsterdam über das Tuchmachergewerbe.

(Reichsarchiv Haag, Bd. Commerce 1648—84, auszugsweise bei Laspeyres p. 135, p. 167 ff.[1])

A.

Corte deductie of verklaringe haer Ho. Mog. de Heeren Staten Generael der Vereenigde Nederlanden overgegeven, bij ofte van wegen hare onderdanige ende dienstwillige ingesetenen, de laeckendrappiers derselver landen.

Alsoo men siet en bevindt dat dese landen welvaren ende floreren, door de neringen ende negocien, die in deselven werden gedaen.

Ende dat de laeckendrapperye onder de neringen van de manufacturen is wel de considerabelsten

Ten aensien die een grott getal van wereckvolck van noden heeft omme wol tot laeckenen te maecken

Als namentlyck wolle wasschers, vlaeckers, pluysters, monters, schrobbelaers, kaerders, spinders, wevers, nobsters, volders, droogscheerders ende ververs.

Waar door de landen, alwaer haer deselve neringe komt ter neder te stellen, populeus, ende welvarende werden.

Ende daar door ook de imposten van alle consumptien door de meenigte derselver inwoonderen, merckelyck komen te rysen ende vermeerderen

---

[1] In margine van der Heeren oven staende deductie is geteyckent het advis van de Gedeputeerden leden van de Heeren Staten van Hollandt ende Westvrieslandt op de seven voorgeslage remedien dienendo tot Weeringe van de diversie der drapperye neringe uyt de Vereenigde Nederlanden overgegeven aen haer Ed. Groot Mogende den 7. September 1647.

Sulks dat ons lieve Vaderlandt aen de selve neringe seer veel en merckelycken is gelegen.

Dat die hier vast geplant ende de periculen van transporteren benomen mogte werden.

T' is sulks, dat men sedert eenige weynige jaren herwaers, naer dat de laeckendrapperye van fyne lakenen hier heeft beginnen uyt te steecken.

Heeft gesien, dat andere nabuyrige en aengelegen landtschappen op de selve neringe hebben geleert ende middelen bij de handt genomen, om de voors. neringe tot haer te trecken.

Als daer syn die van Tilburch, Eyndhoven, Waerd, Yernel, Geldorp, Boextel, ende veel meer andere plaetsen in Brabant ende in de Meyerye van s'Hertogenbosch onder het gebiet van desen staet gelegen.

Mitsgaders die van Aecken, Borset, Eupen, Vervies, Dalem, ende Goye in het landt van Limbourg.

Ende nog veel verscheyden plaetsen in het landt van Gulick.

Alle gelegen buyten onse Vrije Vereenigde Nederlanden.

Die neffens die van de Meyerye van den Bosch vor desen niet anders en hebben gemaeckt, als grove laeckenen van haer inlandsche en meer andere grove wolle.

Dewelke als nu jegenwoordig door den drappiers ende inwoonders van deselve plaetsen in de Provincie van Hollandt van tijd tot tijd doen opkopen merckelycke quantiteyt balen van fyne Spaensche wolle.

Die sy in hare plaetsen ende sulks buyten de Vereenigde Nederlanden doen voeren.

Doende aldaer daer van maecken fyne laeckenen vor een klyne ende minderen prys, als alhier kan werden gedaen.

Dewyle den ingesetenen aldaer soo swaren lasten van imposten, noch lyfs consumptien niet en hebben te dragen als wel hier te lande.

Doordien men aldaer het arbeytsvolck tot veel klynder ender geringer prys gebruycken kan.

Dat merckelijcke profyten in de laecken drapperye kan geven.

Ende wanneer de drappiers van buyten dese Vereenigde Provincien hare Spaensche wol tot laeckenen hebben gemaeckt.

Soo senden sy deselve wit ende in woll geverft, soo onbereyt als bereyt in dese Vereenigde Nederlanden.

Doende de witte bereyden, alhier verwen, om dat de Nederlandsche verwen, ende handelingen van opmaken alhier de laeckenen seer aengenaem ende lieftallich maecken.

Die sy dan door haere facteurs hier te lande ende in

andere plaetsen weten te verkoopen, voor inlandsche laeckenen, ofte anders, gelijk in de daet waer is voor laeckenen die hier te lande opgemaekt en geverft sijn.

T welk niet anders en kan gedeyen als tot merckelijcke verminderinge en krenkinge, jae bevreesde ondergang van laeckendrapperye neringe hier te lande.

Ende by aldien daer inne niet tijdelyck en spoedig werdt voorsien, soo staet te beduyten, en seggen sy verthoonders gewisselijk

Dat de voors. considerable ende treffelijcke neeringe van laecken reeden haer van hier naer de voorsegde andere landen ende plaetsen metter tijdt al slijtende sal transporteren.

Gelijk men alreede daer van notable exempelen begint te sien dat eenige ingesetenen deser landen, uyt sugte van het groot gewin, dat se hier in bevinden, haer soo verre vergeten:

Dat sy tot onderdrucking van hare gebuyren ende vrunden (die de sware lasten deser landen uyt hare arbeytsloonen moeten helpen contribueren, ende waardooor dese landen bij haer vrijheydt werden behouden) van hier naer deselve plaetsen senden Spaensche wolle om laecken to maeken.

Gelijck mede de coopluyden ende drappiers van de vijanden ende neutrale landen, als mede die van de Meyerye van den Bosch, in dese landen doen kopen, ende naer hare plaetsen doen vervoeren fyne Spaensche wolle.

In den jaere XVIe een ende veertig is door de Stadt van s'Hertogenbosch naer de voorn. landen ende plaetsen uytgegaen 189017 ℔ wolle.

T welk van jaer tot jaer grootelijcks heeft toegenomen, sulks dat in den jare XVIe vijf en veertig alleen door de voors. stadt van den Bosch syn uytgevoert 454 720 ℔ woll, om tot laecken maecken te consumeren.

Welke gemaekte laeckenen sy hier te lande voor alsulke als voren is gesegt, als dan tot groote prejuditie van de inlandsche drapperye weten te venten ende te verkopen.

Ende door dat middel onse vijanden en neutrale landen toebrengen ende den ingesetenen deser landen mitsgaders ook de gemeene landen selfs berooven ende ontrecken, de winsten ende incomsten respective, die de voors. drapperyen als voren is gesegt, na sig sleept.

Ende om t'goene verhaelt is klaerlijk aen te wijsen ende te verthoonen.

Staet eerstelijk aen te mercken, wat den arbeit en maecklom tusschen de e en onse vijanden ende voorverhaelde nabuyrige landen, als mede die van de Meyerye van den Bosch verschilt.

Ende ten tweeden, op bequame middelen, om den handel tusschen ons ende onse vijanden als mede de neutrale landen te balanceeren, ende in gelyckheydt te stellen, op dat men jegens den anderen soude kunnen wercken.

Wat aengaet het arbeytsloon alleen, van de woll, tot gevolde laeckenen te maecken, betaelt men van een groff laecken van vier a vijf a ses en veertig ellen, in de landen buyten onse Provincie (hare gelden gerekent op den cours van onse gelden) twintig gulden, ende in dese Vereenigde Nederlanden moet men voor het arbeytsloon van een gelijk laecken betalen vijf a ses en dertig gulden.

Van een middelbaer laecken werdt betaelt buyten onse Provincien 42 gulden 10 stuyvers ende hier te lande 94 gulden 10 stuyvers.

Van een fyn laecken gemaeckt buyten de Vereenigde Nederlanden ofte gemaeckt hier te lande, defereert ontrent 20 stuyvers op de elle.

Bovendien is er mede groot verschil in bereytsloon, want hier te lande werden van de voors. laeckenen betaelt over bereyen aen de knechten 20 a 22 stuyvers daegs, ende buyten dese Provincien en werdt niet meer betaelt als 20 stuyvers tot dagloon.

Belangende hat tweede point wegen de middelen die gebruykt dienen te worden, om den handel van onse vyanden en neutrale landen jegens d'onse te balanceeren.

Dunckt haer verthoonders (onder reverentie) **dat men eerst alle uytgaende woll soo wel Oostersche als Spaensche behoort te belasten ieder hondert** ℔ **woll ten minste mit vijff gulden.**

Jemandt soude hier tegens kunnen seggen, dat de wolle is van sonderlinge prys, ende als men die wilde belasten, dat men diende te gaen naer de qualiteyt van deselve wolle, namentlijk de slegtste wolle met klyn lycent, de middelbaere ende fyne naer gevolg.

Hier tegens werdt geantwoort, dat sulks niet practicabel soude sijn, overmits de fyne wolle, t'elkens voor slegte off somwijlen vor middelbaere soude werden angegeven, sulks dat noyt van de fyne ofte middelbaers wolle souden werden betaelt, t'geen daer op gestelt mogde sijn.

Men siet in de imposten van de bieren, dat de kleyne ende slegte bieren, soo veel tot impost moeten dragen, als de sware off goede bieren, dat ongetwijffelt werdt gedaen, om dat het anders niet wel practicabel soude sijn den impost van de goede bieren te heffen ende te ontfangen.

Moeten onse ingesetenen van hare waeren, t' sij off die slegt off goedt syn betalen een ende denselven impost:

Met meerder redenen kan men daer ook mede belasten onse allgemeene vijanden ende de ingesetenen van andere neutrale landen.

Dat men soude willen seggen dat met het opstellen van

sware licenten, men den coophandel uyt dese landen sal verjagen na onse zeehavenen.

Daer jegens moet werden geconsidereert, dat de wolhandelingen volgt de drapperye ende niet de drapperye den handel.

Want eer men hier te lande fijne laeckenen begon te maken, wist men wijnig van den koophandel van de Spaensche woll.

Sulks dat het laecken maken en consumeren van de wolle de wolhandelinge treckt, gelijck den zeylsteen treckt de naelden van 't compas.

En wat de Oostersche wolle belangt, deselve is voor den oorloge in Duytslandt, door deselve landen per assche gesonden naer de voorsz. vijanden, ende andere neutrale plaetsen, die gewimelijk in tijde van vrede an weder sal nemen haer oude, ende eerste passage.

Voorts soo staet mede te considereren, dat de belastinge van de uytgaende woll soude geschieden tot geen ander eynde, als om de laecken-drapperye hier te lande vast te planten.

Waer mede te gelijck met de laeckendrapperye geplant soude worden den coophandel van de Spaensche wollen

In margine staat: 1° Remedie.

De Gedeputeerde leden souden haer het eerste nevenstaende remedie wel laten gevallen.

Ten tweeden, dat men scherpelijk dient te verbieden van buyten in dese Vereenigde Nederlanden niet te mogen brengen bereyde laeckenen, directelijck nog indirectelijk in geender manieren op de verbeurte van de selve laeckenen, ende boven dien seeckere swaere poene.

In margine staat; 2° remedie.

Het nevenstaende tweede remedie wert geamplecteert, mits agter t' woordt swaere poene te voegen: niet alleen tegens de inbrengers ende verkopers maer ook tegens de copers te statueren.

Ten derden. Dat de laeckenen, die uyt andere landen ende rijcken, wit, onbereyt ende ongeverft, t' sij dat die in de Vereenigde Nederlanden werden gesonden om te verkopen, ofte alleen om te bereyden ende te verwen, onder wat pretext sulks soude konnen ende mogen geschieden, waer van betaelt soude moeten werden den sevenden penning.

Ende alsoo de laeckenen te laeg van prijs werden aengegeven, dat de licontmeester als dan die voor den aengegeven prijs souden mogen behouden, gelijck sulks in Vrieslandt wordt gepractiseert, alwaer de Hollandsche laeckenen moeten dragen, neffens alle andere laeckenen een impost van seven ten hondert.

Dat mede in t' aengeven van de laeckenen

hare lengte soude moeten werden geexpresseert met de waerde van yder elle, ende soo wel bij de ontfangers van de selfde comptoiren als de commisen ter recherche aldaer op de lengte als op de waerde van dien gevisiteert aengeslagen ende genaest te kunnen werden.

Ende om te beter alle fraude voor te komen, ende de goede ordre die haar Ho: Mog: tot conservatie van de neringe van de drapperye, in dese Vereenigde Nederlanden sullen gelieven te stellen, te doen agtervolgen, ende exactelijk in voeren ende practiseren.

Soo dunckt haer verthoonders (onder reverentie) dat er een Commis General hem desen volkomentlijck verstaende, ende woonende in een van de Steden alwaer de laeckenen inkomen, die de gestelt te werden, die soo nu en dan soude moeten reysen dan van d'eene stadt in d'andere, die tot den inbrenvan de uytheemsche laeckenen sijn geordonneert ende aldaer te sien, of alles eenpaerlijk, naer hare Ho: Mog: goede intentie wierde gepractiseert.

Dat mede den selven Commis Generael van maendt tot maendt soude moeten werden in handen gestelt extract uyt de respective registers van de commisen tot Luyck ofte Aecken, of comptoire van Maestrich, om daer uyt te sien, wat volchbrieven aldaer van laeckenen op de voorn. comptoiren waren geligt, om door de geordonneerde steden in dese landen gebragt te werden.

Waer uyt hij soude kunnen nasien of de laeckenen door geen andere wegen op sluypgaten in dese landen waren gebragt, sonder de licenten te hebben betaelt.

Ende soo wanneer hij ongesuyverde volchbrieven quam te vinden, dat de contraventeurs van dien sonder simulatie, volgens de placcaten op den opheve van de convoyen ende licenten gemaekt, aengesproken ende gemulcteert mogte werden.

Gelijk mede in yeder van de Steden tot het inbrengen van de voorsz. laeckenen geordonneert, dient gestelt te werden een beedicht persoon hem op de drapperye volkomentlijk verstaende, om als de laeckenen van de poorten ten huyse van de convoymeesters gebragt sullen sijn, aldaer geloyt te werden, welken persoon de laeckenen ten huysen van de convoymeesters zon moeten visiteren, ende op sijn eedt verklaren, of de laeckenen volkomentlijk naer haere werde waren aengegeven, ende hij aldien niet, dat die dan door den convoymeester konde werden genaestet, voor welke prijseringe den vors. persoon twee stuyvers voor yder stuck tot laste van de coopluyden conde genieten.

De redenen waerom men die laeckenen, die alhier om te bereiden en verven gesonden worden, sonde belasten met den selven licent, als de laeckenen, die hier gesonden werden om te vouten ende te verkopen.

T' selve is mede om de deur van de sluyckerye te sluyten, so veel men kan.

Men behoeft niet te denken ofte te vreesen, dat den koophandel van de buyten laeckenen, haer sal transporteren in andere landen, om te ontvlieden, de licenten, die hij hier soude moeten dragen.

Want het en is niet wel doenlijk een koophandel rauwelijcks in andere plaetsen te brengen vermits den koophandel wil gedaen werden bij de meenigte van den coopluyden.

Ende genomen, dat den handel van de buyten laeckenen hier te lande daardoor soo sterck niet en werde gedreven als te vooren, soude dat meer swarigheydt geven, als de laeckenneringe hier te lande te laten in peryckel van verloop.

Wij vertrouwen, dat haer Ho: Mog: naer derselven hooge wijsheydt wel sullen konnen sien, wat swaerts behoort to wegen.

T' is seecker, dat d laeckendrapperye, daer aen soo menigte van duysende menschen te werck komen, swaerder weegt, als den handel van de uytheemsche laeckenen.

Want aen den handel van de buyten laeckenen varen maer alleen wel eenige particuliere coopluyden in wijnig steden.

Ende aen de laeckendrapperye neringe hangt grotelijks het welvaren van t' gemeene landt, ende alle de steden in t' gemeen, selfs ook die steden, die den handel van buyten laeckenen hebben.

Voorts is ook seecker, dat hoe hier te lande minder laeckenen van buyten werden gesonden, hoe dat het de laeckendrapperye van de Vereenigde Nederlanden te beter sal gaen ende van dag tot dag nog meerder sal groeyen ende toenemen.

Daer en tegens siet men door den aanwas van de drapperye neringe, in de voors. vijanden en neutrale landen, mitsgaders die van de Meyerye van 's Hertogenbosch hier te lande onse neringe verswacken.

Om den aenwas van de neringe der voors. vijanden en neutrale landen, ende die van de Meyerye stucks wijs wat raeckt voor ogen te stellen, soo is sulks dat in den jare 1641 ten comptoir van de licenten binnen s'Hertogenbosch sijn aengegeven vier hondert vijftien stucks Dupensche ofte diergelijke pijlaeckens, ende in den jaere 1646 sijn ten selven comptoire aengegeven 1679 stucks fijne ende in de woll geverfde laeckenen.

Men siet dat tot welstandt van de laeckendrapperye in t' Coninckrijck van Engelandt veel swaerder en rigoureuser middelen werden gebruyckt.

Namentlijk dat sij op lijffstraffe verbieden uyt hare landen niet te doen voeren de volaerde, nogte wolle, om de dropperye in andere landen daar door niet en souden werden gedient.

Gelijk sij mede hebben verboden in haer Coninckrijck niet te mogen brengen, venten, nog verkopen laeckenen die buyten het rijk sijn gemaeckt.

Maer alle laeckenen die sij aldaer bevinden van buyten ingekomen te sijn, t'selve werden gehouden voor verbeurt.

T' is mede sulks dat men in Brabant, Vlaenderen, ende andere onsen vijanden landen, onse laeckenen voor geen Nederlandsche laeckenen mag brengen nog verkoopen, maer werden alle laeckenen, komende uyt dese Vereenigde Nederlanden gehouden mede voor verbeurt.

In margine staat: 3o remedie.

Het derde remedie werdt mede aengenomen, mits dat agter t'articul sal werden gestelt dese clausele: ende dit alles onverminderd ende ongeprejudiceert, t' gene voor desen bij de regering deser landen aen de Engelsche court is toegestaen.

De nevenstaende gesubregulerrde ende aengetrocken pointen van ordre, laeten haer de Gedeputeerde leden wel gevallen, ende in specie dat sal werden gestelt een commis Generael, ende in yder van de steden tot het inbrengen van de laeckenen geordonneert een beedigt person, welcke respective personen sullen werden gegageert ende betaelt hij de admiraliteit na 't exempel van de Generale en andere cherchers van de convoyen en licenten: doch sal op de begrootinge van de respective tractementen naderhandt werden gedisponeert bij de regeringe.

Ten vierden dat den licent van de inkomende laeckenen betaelt soude moeten werden in de steden alwaer de lakenen eerst aenkomen in de Vereenigde Nederlanden, gelijk certijts was in t' jaer 1624 omtrent dien tijdt.

Ende dat de laeckenen daer die ankamen, soude werden geteeckent met een seecker loot, van waer sij door de Vereenigde Provincien niet anders soude mogen werden vervoert als met het geteeckent looth.

In margine staat: 4e remedie,

N 3.

Het nevenstaende vierde remedie met het gesubordonneerde point werdt voor goedt angenomen.

Ten vijfde. Daer benevens soude den coopman moeten hebben een binnenlandts paspoort daer in geteyckent soude staen de quantiteyt ende qualiteyt van de laeckenen, met uytdruckinge wat voor licent daar van betaelt ende ter plaetse daer den coopman de laeckenen verkoft of liet blijven, dat aldaer sulks in dorso van de paspoorten dienen te werden gestelt.

In margine staat: 5e remedie.

Het vijfde remedie werdt mede geampleteert.

Ende ten sesde, dat het placcaet van haer Hoog Mogende op het invoeren van de Engelsche witte, ofte andere geverfde bereyde laeckenen, bayen en carsayen gemaeckt in t' jaer 1614, ende nog seeckere ordre gemaeckt op de Engelsche court ofte advanturiers, bij de Groot Moogende Heeren Staten van Hollandt ende Westvrieslandt den 24. May 1635, die in t' minste niet werdt agtervolgt.

Of nieuws gepubliceert ende stricktelijck sonder eenige oogluyckinge geexecuteert mogen werden.

In margine staat: 6de remedie.

De renovatie van 't placcaet 1614 ende ordonnantie van de Heeren Staten van Hollandt d'anno 1635 werdt goedtgevonden, sijnde de versogte ampliatie afgeslogen en vervolgens alhier geroyeert.

Want aldaer en hebben de huysgesinnen, die geen landen gebruycken iets ofte niets in de lasten en contributie to betalen, doordien alle lasten aldaer over de mergen talen, ende niet over de persoonen ofte huysgesinnen werden omgeslagen.

Door welke middelen sij verthoonders, vertrouwen, dat de laeckendrapperye neringe hier te lande sal konnen werden gepreserveert, ende met eenen geweert, waerdoor deselve (ten sij sulks spoodiglijck werde voorgekomen) geconsumeert ende met de appendentien ende dependentien van dien getransporteert sal werden in andere landen, tot groote schade ende merckelijck nadeel van dese Vereenigde Nederlanden.

Ende alsoo sij verthoonders sijn rechte liefhebbers van onse lieve ende vrije vaderlandt: so hebben sij niet konnen nalaeten deselve saecke daer t' gemeene landt so veel aen gelegen is, ende door dewelke veele arme onvermogende, soo wel jong als oudt, aen het werck komen, hare Ho: Mo: t' helve maekt en klaer voor oogen te stellen.

Niet twijffelende of haar Ho: Mo: sullen naer haer verre sinde wijsheijdt hier uyt konnen verstaen, dat onse vrije

Vaderlandt niet wijnig maer ten hoogste aen de laeckendrapperye neringe is gelegen.

Ende derhalve sorge dragen dat soodanige middelen sullen werden beraemt, waer door deselve neringe hier mog werden gehandthaeft ende aen de andere sijde besnoeyt t' geen hier van buyten aenkomt, om te verderven.

Waerop sij verthoonders haer sullen verlaten, blijvende altijts haar Ho: Mo: ootmoedige onderdanen ten dienst etc.

In margine staat: 7de remedie.

Het sevende remedie sulks het in margine van desen gestelt is, is niet aengenomen, maer geroyeert ende in plaets van dien gestelt:

Dat men mede soude dienen te verbieden ten platten lande in Brabant ende de Meyerye van s'Hertogenbosch ende alle andere plaetsen ten platten lande onder de Generaliteyt behoorende, niet te mogen maecken eenige laeckenen van Spaensche wolle op verbeurte van de laeckenen, ende daer en boven een boete van 25 gulden van yder stuck laecken.

B.

Consideratien van de Heeren van Amsterdam op t' stuck van de drapperye den 19 Maert 1648 ex prandio.

De hier nevensgaende deductie by Commissarissen geexamineert, ende die van de neringe daer op gehoort, geven (onder correctie) voor haer advijs.

Voor eerst dat wel waer is, dat de laecken drapperye in de landen ende plaetsen, daer se geexerceert wort, neringe ende welvaert voortbrengt, ende dat derhalven wel nodigh is, dat alle goede middelen aengewendt worden, omme deselve in dese landen te doen aenwassen.

Maer dat de middelen, bij de voorsz. deductie voorgestelt, daertoe geraden souden sijn in t'werck te stellen, en connen wij, onder correctie met goetvinden, alsoo sulix h'saemen soude gaen, met al te grooten schade ende verderff van een soo notable negotie, als daer is de wolhandel deser landen, ende waeraff verscheyden andere negotien dependeren, mitsgaeders de zeevaert en t'incommen van de convoyen.

Behalven dat in desen wel staet te considereren dat alle handtwercken, daeraff door de Coopluyden ofte negotianten geen vertieringe en wert gemaect, maer alleen strecken ter nootdruft ofte

behoefte van de ingesetenen; ende dat ter contrarie
een coopman ofte handelaer veel werekvolck can te werek
stellen, zoo wanneer zij de gemaeckte dingen in ander-
plaetsen ende gewesten, verhandelt ende vertiert.
 Waer uyt volght, dat in dit geval een coopman meerder
is als een ambachtsman, ende dat daeromme meer acht staet
te nemen op de conservatie van de negotie als op de handt-
werken, immers ten minsten in t'bevorderen van de handt-
werken sodanich gelet op de negotie dat die daer door niet
en mue te verminderen, ofte te vervallen in die ongelegent-
heyt, waeruyt de vermindering apparent staet te volgen.
gelijck daer sijn de middelen bij de voorsz. deductie voorgestelt. Dewelcke also eenlijck gefundeert sijn op de goed-
coope arbeyts-loonen ende levensmiddelen in de naebuyrige
landen ofte plaetsen, in de voorsz. deductie gemelt, soo hebben
wij nodich geacht, daer op wat speciaelder berucht te geven.
 Ende seggen dat waer is, ende niet en can ontkent worden, dat de buytenlandtse drappiers de arbeyts-
loonen beter coop hebben als de drappiers hier
te lande.
 Maer daer en tegen connen de drappiers hier te lande
hare wollen beter coop ende uyt de eerste handt in-
coopen, tijt ende gelegentheyt waernemen wanneer de vlooten
ende schepen aencomen, ende sulcx haer van de beste waren
ende laeghste prysen dienen voor andere buytenlandtse drappiers.
 Ter contrarie moeten de buytenlandtse drappiers
haren tijt met roysen ende vletten consumeren,
in roye ende teer costen vervallen, ofte facteurs
tot hunnen coste ende laste houden, ende boven
dien groote costen doen met het versenden van
hunne gecofte wolle, die sij ordinaerlijk oock
moeten coopen uyt de tweede handt.
 Gelijck mede de arbeyts loonen in alles soo veel niet en
verschillen, ja in sommige bijnae geen verschil is, namentlijck
in t'loon van de laeckenbereyders gasten, gemerckt men
deselve alhier t'Amsterdam voor dachloon betaelt
18 stuyvers, ende in de omleggende steden noch min, daer
in tegendeel (gelijck bij de voorsz. deductie wert geseyt) in
de naburige landen voor loon betaelt wort 20 stuyvers
s'daeghs, in voegen dat in desen deele t'arbeytsloon
van laeckenbereyders gasten, hier te lande beter
coop is als buyten s'landts, contrarie t'geen bij de voorsz.
deductie wort geseyt.
 Daer en boven werden wij onderricht, dat de voorsz.
buytenlandtse drappiers, niet gewent sijnde als grove laeckenen te maecken, soo goede fijne laeckenen niet en
maecken, als hier te lande gemaeckt worden; zijnde
daer toe hare getuwen, rieden ende andere gereetschappen

niet geapproprieret, oock de handelingh van groff ende fyn goet te wercken metten anderen niet overeen comende.

Soo datter sijn die daer fyne laeckens hebben laten maecken, maer nu niet meer en doen. Gaende het in desen, gelijck het over 30 ende meer jaren gedaen heeft, met de Vlaemsche laeckenen, want alsoo men doen hier te lande eerst begost laeckenen te maecken, ende de rechte handelingh daeraff noch niet en hadde, soo wierden in Vlaenderen tot Bellé, Meenen ende daer omtrent goede quantiteyt fijne laeckenen gemaeckt, die oock vrij waren van alle schattingen ende lasten in Vlaenderen, en om cleyn loon gewerckt wierden, oock hier redelijck wel vercoft ende begeert; maer onse drapperye van handt tot handt beterende, wierden daer nae niet meer getrocken door haer quade fabrijcq, als groff ende bol van draet zijnde, soo dat se in veel jaren hier niet meer en sijn gebracht.

Waer uyt blijckt, dat wij in geenderley maniere de buytenlandtse drapperie hebben te vresen, ende dat t'seeckerste middel omme de drapperye hier te lande te honden ende te doen aengroeyen, is op t'werck wel te passen, goet werck te maecken, ende alle middelen aengeleyt tot bedrogh (gelijck men eenigen tijt geleden, insonderheyt tot Leyden, gedaen heeft) te weeren, oock malkanderen de knechts, onder belofte van hooger loon, met te ontrecken want hier uyt niet als t'verderff ende ondergangh van de drapperye te verwachten staet.

Boven allen desen staet mede te letten, dat het niet d'oncosten van arbeyts loon op een fijn laecken soo nauw met en comt, alst maer curieux ende wel gemaeckt is, want een fijn laecken, wel oft qualijck gemaeckt sijnde van een en deselve wolle, can een gulden of meer op d'elle verschillen.

Dien volgens moet men toestaen, dat dit landt groote bequaemheyt heeft van negotie ende coophandel te waeter ende te lande en dat de welvaert van dien daer in meest bestaet; doch dat het de gelegentheyt soo niet en heeft tot de weverye, als andere landen; evenwel in fijne laeckenen, die wat connen verdragen, sal niemandt ons te boven gaen, door ons wel maecken, ende dat de wolle coopmanschap in ons landt is, ende bij anderen van ons moet werden gehaelt.

En soude de laecken drapperye in dese provincie oock grootelijcx stijven en doen toenemen bij aldien de Heeren Staten Generael gelieffden te ordonneren dat onse inlandtse laeckenen niet alleen in Hollandt, maer alle de Geunieerde Provincien door, vrij van impost mochten sijn. Ende t'behoorde (onder verbeteringe) oock te geschieden, om dat de laeckenen in Vrieslandt,

Groeningerlandt, Utrecht, ende elders binnen dese Geunieerde provincien gemaeckt, alhier geen impost betaelen, overmits men die van onse inlandtse laeckenen qualijck can onderscheyden; ende in tegendeel onse laeckenen in Vrieslandt comende, moeten betaelen den sevenden penningh, ende comende in Utrecht off Groeningen, moeten aldaer mede betaelen de costen aldaer gestelt.

Doch dat men de buytenlandtse laeckenen rou in te brengen soude verbieden ofte belasten (sijnde een van de middelen bij de voorsz. deductie voorgestelt) en connen wij, onder correctie, niet goet vinden, want daer door soude men de bereydery en verwery hier te lande grootelijcx te cort doen, desgelijcx oock den coophandel van allerhande verffstoffen, als cousenille, indigo, alluyn, wijnsteen etc. Behalven dat de buytenlandtse drappiers, op andere plaetsen, daer soodaenige beswaernissen niet en sijn, evenwel souden worden gedijent, ja hen soude noodsaecken selffs bereyderyen ende verweryen op te stellen, ende soo t'God den Heere gelieft dat het vrede wort, souden tot Antwerpen ende elders gaerne gerijft worden, wat schade sulcx voor dese landen suode geven, ende in t'bijsonder voor dese stadt, t'eenemael in negotie bestaende, willen wij U achtbare in bedencken geven.

Sooveel t'verbodt van t'inbrengen van bereyde ende geverffde laeckenen aengaet (mede een middel bij de voorsz. deductie voorgestelt) daer in is alreede bij placcaet van haere Ho. Mog: voorsyen, ende behoeft maer geexecuteert te worden, dat op t'hoochste nodich is.

Gelijck mede nodich is, dat de witte laeckenen, die van buyten ingebracht worden, geteeckent worden met een loot, daerdoor die connen worden gekent voor onvrije laeckenen, om dienvolgens den impost te betaelen.

Ende hoewel men oock sustineert, dat de buytenlandtse drappiers haere laeckenen beter coop connen maecken als de drappiers hier te lande, soo dunckt ons (onder correctie) evenwel gants ondyenstigh deselve te verbieden off te beswaeren, want dus doende, soude men, om een ambacht in dese landen seecker te bevestigen, weder bederven off verjagen de heele negotie van den laecken handel, daer bij de drapperye in t'duysendste deel niet en is te compareren; indien men nu de goedcoop laeckenen van die soort zoo de

buytenlandtse drappiers maecken, wilde waeren, ende met
bij gevolgh oock waeren den handel ende vertieringh daervan
niet alleen, maer lichtelijck van den gehelen lakenhandel,
die sonder sulcx niet wel en can worden gedreven, ende
daerenboven oorsaeck onuytspreeckelijcke schade in allerley
compositie hap van verwen, grooten affbreuck in de horoylerye,
ververyen etc., ende sulcx t gemeene landt, ende d'ingesetenen
van dien meer schade als proffijt toebrengen, ende bysonder
lieck dese stadt, allenelijck door de negotie bestaende.

Dat men hier tegen wil voorwenden, dat de diversie van
de voorss. handel soo licht niet soude gebeuren, om dat op
andere plaetsen geen gromiers sijn; daerop dient, dat die
haer wel haest daer ende laeten vinden, want gelijck de
schaduwe 't lichaem volgt, soo volgen de cooplyuden t voornemen

Vorder wort bij de voorss deductie tot een middel van
gestelt, de wolle hier uyt gaende, met vijff guldens.
op de hondert pondt te beswaren, twelck een wercke
is die streecken soude tot grondelijck verderff van de gehele
negotie, ende handel van de wolle, daer den lande soo
merckelijck aengelegen is, dat in consideratie van dien de
heeren Staten Generael in den jare 1614 alle
incomende wolle hebben vrij gestelt van alle beswaernisse. Nu gelijck de negotie van de wolle, door een
danige vrijheyt, alle andere landen ontreckon, ende gehendlijck
hier te lande gebracht is, oock soo dattor geneghhenen hier
de stapel aff is soo en heeft het geen twijffel, off door contrarie middel, namentlijck beswaeringe ende belastingen die
wolle sal den selven handel weder werden verjaeght ende
verdreven, te meer alsoo notoir is, dat alle de wolle hier te
lande niet en con werden geconsumeert

Dat men voorstelt t'exempel van die van Engelandt,
daer den uytvoer van haer wolle wort verboden,
t'welcke er comt hier niet ten proposite, aengesien dat d'In-
gelse wolle is een vrucht van haer eygen landt
ende dienvolgens nergens elders can werden becomen, maer hier ist soo gelegen dat de Spaensche
wolle ende andere bij anderen soo wel als bij ons
can werden verrregen, en over Calais en Vlaenderen
nae Brabandt gevoert. Behalven dat de voorgestelde be-
swaringe te weten vijff gulden op de hondert ponden
wolle, niet alleen soo ingeul is, overmits de diver-
siteyt van de prijsen; maer is oock heel groot, gerecent en
sonderlinge want alls de fijnste ende pretieuse wolle ceuwe-
niaal verooft, ende aen den anderen overgelaten werde; ende
belangende de grove wollen, die hier seer abundant uyt worden
comt, ende meest wederom versonden wordt; desolve te beswaeren tot 5 gulden op de 100 pondt wolle, soude wel
20 ten hondert bedragen, ende dese besuchten becomen, de

verteringe van onse eygen inlandtse wolle, op de Veluwe in
de Betuwe ende andere quartieren van ons landt vallende,
dewelcke alle meest buyten 's landts werden versouden, ooek
souden selffs die van Leyden haer wolle niet connen uytsenden, omme in Vlaenderen ende Walslandt harer ketenen te laeten spinnen, sonder de welcke sij hare manufacturen niet
connen maecken, sulex dat uyt dese beswaernisse mede lichtelyck ende werden veroorsaeckt de ruine van den handel
der wolver manufacturen, daeraen nochtans soo veel gelegen is.
  Te seggen dat de wolle volght de drapperie t'selve is
wel waer, voor soo veel daer van doen is om te verwercken,
maer genouchs om een geheel magasijn ende negotie te
monteneren.
  In vuegen alles wel overwogen sijnde, connen niet anders bevinden, of de middelen van verbot en beswaernisse,
bij de voors. deductie voorgestelt, souden de laeckenhandel
ende veel andere handelingen ende neeringen opt hooghste
schadelijck sijn

III.

Aktenstücke zur Reform des Zolltarifs 1683.

(Stadtarchiv Amsterdam L. C. 8. No. 6.)

A.

Opgestelt den 27. September 1683.

Maximes geobserveert in het formeren van nieuwe lyste van convoyen en licenten.

1. Dat alle manufacturen van buyten inkomende in dese landen van wat benaminge deselve mogen sijn, 't sij van gout, silver, sijde, garen, wolle, hayr, yzer, koper off van eenige andere stoffe, doorgaens op het inkomen met acht ten hondert en meerder sijn belast, uytgesondert dat op de instantien vande heeren van Rotterdam eenige weynige engelsche manufacturen wat leger belast sijn; en op het uytgaen sijn alle de voornoemde manufacturen met een off ten hoogsten met twee ten hondert belast. Hieronder sijn evenwel niet begreepen de silesiger lijnwaeten en papieren en eenige weynige andere manufacturen die als waeren van commercie en als niet misbaar aengeslagen sijn.

2. Dat de fruyten van buyten inkomende met twaelf ten hondert sijn belast uytgesondert eenige die specifiquelijck inde Convoylyste sijnde geexpresseert met tien ten hondert aengeslagen sijn, alle de voornoemde fruyten op het uytgaen belast wesende met 4 ten hondert. De amandelen sijn belast met vijff ten hondert op het inkomen en op het uytgaen met een ten hondert.

3. Dat hetgene gevist is met schepen binnen dese landen te vischerije uytgeseilt op het inkomen vrij is gestelt, en met andere schepen, belast met 24 ten hondert, doch op het uytgaen is het gevischte als traen baerden etc. met 2 preto beswaert en alle gesoute visch in voegen als gemelt gevangen en rivier visch sijn op het inkomen insgelijx vrij gestelt, en op het uytgaen weynich doch onderscheydentlyck beswaert.

4. Alle vette waeren van buyten inkomende syn met 25 ten hondert aengeslagen en de uytgaende boter is beswaert 't vat van 300 ℔ en de andere vaten naer advenant met 12 ₥ en de uytgaende kaes de 100 ℔ met 2 ₥.

5. De oostjndische waeren betalen naer het verord dat dien aengaende is gemaeckt.

6. De graenen sijn beswaert te weten de tarruw het last f 4 : 10 op het inkomen en f 1 : 10 op het uytgaen en de andere graenen naer advenant.

7. De houtlatten sijn beswaert gebleven als van outs te weten met acht stuyvers het last en insgelijx de matten tot beneficieringh van de scheepsbouwerije en navigatie.

8. Alle manufacturen buyten 's lants bereyt en geverft verboden intebrengen.

9. De magere ossen off koeyen inkomende vrij, en de vette tien guldens per stuck beswaert, en beijde op het uytgaen aengeslagen met f 1 : 10.

10. De wijnen sijn inkomende belast bij het vat te weten de rijnse met f 5, de fransje met f 3 en de Spaensche met f 4 : 10 en de brande wijnen by het oxhooft tot f 2 : 5. —

11. De ingredienten van manufacturen sijn niet of seer weynich belast doch onderscheydentlijck gaende doorgaens derselver belastinge tot een off anderhalv ten hondert jmmers niet boven twee preto.

12. De waren en koopmanschappen die werkelijck in commerce bestaen, sijn op het inkomen doorgaens belast met 2 off uyterlijck door tien ten hondert en op het uytgaen met 1 preto.

13. Alle waeren inde lyste niet geexpresseert, en niet verboden maer gepermitteert Zijnde sullen betalen van de waerde van vijff guldens vier stuyvers op het inkomen en drie ₥ op het uytgaen.

14. En is voor leckage van alle natte waeren uyt Vranckrijck en de Rivieren de Maes en Rijn afkomende Seestux toegestaen 12 proeto, uyt Spagnien en andere quartieren 14 ten hondert, uyt Engeland Hamburg en Bremen ses proeto, van traen 12 en van walvisch spech 6 proeto, en van teer 12 proeto.

Voorts is bij resolutie van haer Ed gr. mogende vande 21 aug. 1682 goetgevonden en verstaen dat de voornoemde nieuwe lyste tot een proeve sal werden in treyn gebracht voor den tijdt van een jaar, benevens de placcaeten en Instructien tot een equale en exacte practique van de middelen te water gearresteert, en dat aenstonts en sonder ophouden sal werden gebesoigneert om te sien wat mesnage soude konnen werden gepractiseert off geintroduceert in de respectieve Collegien ter admiraliteyt soo wel ten aansien van haere domestiquen lasten en huyshoudinge als ten respecte van de

Convoyen die tot protectie van de Commercien moeten werden gegeven.

Dat binnen ses weechen naer de expiratie van het voornoemde proefjaer een soo naeuwen overslach als eenichsints doenlijck sal werden gemaeckt van het inkomen vande Collegies ter admiraliteyt en van derselver lasten.

Dat onder het inkomen sullen werden gereeckent het montant vande voornoemde nieuwe lyste en de middelen vervat in het 27. artikel van de Instructie voor de Collegien ter admiraliteyt en dus de confiscatien en muleten over fraude en Contraventien jegens de voornoemde lyste geplecckt buyten de prijsen te water, mitgaders de selver vrachten en alle andere inkomsten en middelen van de voornoemde Collegien van wat nature die oock souden mogen sijn

dat in de com tatie van de lasten ingevolge van haer ed. gr. mogenden resolutie van de 27 maert 1681 gebracht sullen werden de renten en intressen der penningen tot laste van de Collegien ter admiraliteyt op interest lopende, en de onkosten gerequireert tot het doen van twee convoyen de jaers bder van twee schepen naer de Levant Smirna daer onder vegrepen, mitsgaders het onderhoud van de schepen van oorloch tot laste van den staet gebout en de tractamenten van de hoge en andere officieren te water.

En indien naer de voornoemde overslach soude mogen werden bevonden dat de voorsegde lasten uyt het voornoemde inkomen niet souden konnen werden vervallen dat men als dan onophoudelijck sal besoigneren hoe het surplus sal konnen werden gevonden 'tsij dan met vermeerderingh off verhoginge van eenige off van de meeste specien in het inkomen ofte uytgaen respectivelijk en in gevalle de leden malekanderen daer over binnen ses weecken naer expiratie van het voornoemde proefjaer niet souden konnen verstaen, dat alsdan ten eynde van de tweede ses weecken van de waerde van de inkomende en uytgaen de gaederen (de waerde van het voornoemde kort te vinden bij den staet genomen werdende naer de cours off prijs die de voornoemde goederen alsdan waerdich sullen wesen. en blijven de echter den koopman de faculteyt om deselve waerde in het aengeven selfs te verclaren) equalijck en generalijck sal werden geheven een soodanich gedeelte als tot verval vande voornoemde lasten van de gemelte Collegien ter admiraliteyt nodich sae wesen niet dat het vornoemde gedeelte de belastinge op de voornoemde nieuwe lijste daer bij gereeckent sijnde niet alleen niet sal mogen excederen 't geen deselve goederen voor desen in de ordinaris convoy derde verhoginge en veylgelt hebben gecontribueert maer selfs ooch niet vijff ten hondert in 't inkomen en uytgaen te samen schoon eenige vande voornoemde

X 3.

genaderen in het voornoemde ordinaris Convoy derde verhoginge en veylgelt meerden souden mogen gegeven hebben.
Des dat de vremde manufacturen van deselve soorte als de inlandsche sijn de des niettegenstaende in het uytgaen aen hooch sullen moeten worden gestelt als waer op de inlandsche door de voornoemde verhoginge sullen werden gebracht, en da aan de voornoemde verhoginge sullen wesen geeximeert de graenen en de gaederen vande oostindische compagnie deser landen mietsgadders soodanige andere koopmanschappen die de leden alsdan sullen oordelen dat sonder perikel van diversie geen verhoginge konnen lijden
en Indien ten eynde van het jaer naer de introductie vande voornoemde verhoginge als noch soude mogen werden bevonden dat uyt het inkomen van de voornoemde lijste en derselfs verhoginge de voornoemde lasten vande vermelte collegien ter admiraliteyt niet souden konnen werden vervallen dat in sulchen gevalle de Leden met malckander sullen overleggen hoe en in wat voege het kont gevonden sal werden, en bij aldien de Leden binnen twee maenden naer de expiratie van het jaer daer in de voorgeroerde verhoginge sal sijn geintroduceert malckander daer omtrent niet souden konnen verstaen dat deselve als dan sullen hebben soodanige vrijheyt als hij in krachte van voorge Resolutien en andere publicatien hebben gehad en als noch sijn hebbende
dat de betalinge van de voornoemde verhoginge sal wesen extraordinaris en vermindert werden, soo haest de lasten van de voornoemde Collegien sullen komen te minderen off soo haest de leden malckanderen op een sufficante lyste van Convoyen en licenten sullen hebben verstaen
en dat eijndelijck alle meest krachtige devoires sullen werden aangewent ten eijnde de respectieve collegies ter admiraliteyt mogen werden voldaen van haer achterwesen ten laste vande kroon Spagnen mitsgaders van de achterstallige subsidien van de respectieve provincien en dat alle 't geno daer van sal inkomen eerst en vooral sal blijven geaffecteert tot betalingh van de schulden daer op gemaeckt en voorts tot aflossingh van de Capitalen op de middelentser See genegotieert en dat het gunt van de voornoemde nieuwe lijste, de verhoginge van dien in de voornoemde andere inkomsten van de gemelte collegien ter admiraliteyt in tijdes en nijlen soude mogen komen overteschieten naer aftreck van de lasten die daer uyt sullen moeten werden gesupporteert mede sonder eenige divertie sal werden geemployeert tot aflossinge van de capitalen op de voorszegde middelen genegotieert, en dat de Raden en ministers van de voorszegde collegien in haer personen aensprackelijck sullen sijn bij aldien bevonden soude mogen werden dat sij de vornoemde intekomen achtertellen

en subsidien in 't geheel off deel souden mogen hebben gediverteert.

B.

Remarque van de differentie tusschen de convoy lyste van de jaere 1655 en de nieuw geprojecteerde lyste.

1. Dat de vruchten van buyten inkomende weynich immers niet van Consideratie sijn beswaert.
2. dat de manufacturen van buyten inkomende als waeren van Commercie sijn aengesien en dus seer weynich betaelt sijn.
3. Dat de natte waeren van buyten inkomende sijn aengesien als commercie.
4. de ingredienten van manufacturen sijn oock niet seer geavantageert op het inkomen, dan voor sooveel deselve met een sijn aengesien voor waeren van commercien als bij exempel het turx-garen. De wolle alleen is op het inkomen vrijgestelt.
5. de graenen sijn op het inkomen weynich en op het uytgaen hooch belast.
6. Inde belastinge van de houtwaeren is geen immers geen notable differentie.
7. de vette beesten sijn op het inkomen vrij gestelt.
8. De Specerijen sijn specifiquelijck belast tot omtrent .. ten hondert
9. de visserije is boven die van vreemde natien niet geavantageert.
10. De wijnen sijn bij de belastinge van de ordinaris lyste gereeckent sijnde het extra(ordinaris) bij nae op een voet als bij de geprojecteerde lyste belast.
11. Waeren van commercie sijn doorgaens by de voorsegde lyste hier weynich en niet hoger als bij de geprojecteerde lyste belast.
12. Manufacturen buyten 's lants bereyt en geverft verboden intebrengen.
13. Waeren en koopmanschappen in de lyste niet geexpresseert beswaert op het inkomen met 4 ₥ en op. t uytgaen insgelijx met 4 ₥ van 't ₶ vlaems.
14. van Leckage wert niet gerept.

C.

By resumptie gedelibereert zijnde op 't advis van de Heeren haer Edele Groot Mog. Gecommitteerden, hebbende in gevolge en tot voldoeninge van der selver Resolutie Commissoriael van den 18 deses, ge-examineert, hoedanige belastinge tot verval van de onkosten ter zee, en de sterckinge van de Middelen van dien, souden behooren te worden ingewillight, breder onder de Notulen van den 19. October des voorleden jaers 1685 ghementioneert, hebben de Heeren van de Ridderschap ende Edelen, mitsgader de Gedeputeerden van de respective Steden, in den name en van wegen Burgermeesteren en de Regeerders van de selve steden, geconsenteert ende bewillight, gelijck haer Edele Groot Mog. Consenteren ende bewilligen mit desen in den opheff van de ordinaris Lyste der Convoyen ende Licenten, mitsgaders in de verhooginge van de helft van dien; ende dat voorts tot sterekinge van de voorssegde middelen alle soorten van Waren ende Koopmanschappen die op de voorszegde Lyste vrj sijn gelaten. Sonder met eenigh recht van inkomen of uytgaen gechargeert te wesen, ende die nu evenwel 's Lands inkomende of uytgaende Rechten van Veylgelt betalen op de voorschreve Lyste der Convoyen en Licenten sullen worden ghebracht, ende sulcks in het inkomen ofte uytgaen worden ghechargeert met de selve Somme die de voorzsegde Waren en Koopmanschappen, hetsij in het inkomen of uytgaen, hetsij bij het Stuck, hetsij bij de Waerde, althans in het Veylgeet moeten betalen; des dat too wel van de belastinge, begrepen in de ordinaris Convoy-lyst, als van de Verhooginge van de helft van dien, mitsgaders van 't voorssegde Veylgelt vrij en exempt sullen sijn alle sodanige Soorten van Waren en Koopmanschappen, die bij speciale Placaten of Resolutien daer van zijn vrij ende exempt gemaeckt, gelijck oock verboden of belast sullen blijven alle soodanighe Soorten van Waren ende Koopmanschappen die bij speciale Placaten of Resolutien, 'tzij uyt te voeren of in te komen, verboden of hooger belast zijn als de voorszegde ordinaris Lyst met de Verhooginge van de Helft van dien komt te bedraghen; ende dat den Haringh ende Kaes mede sullen werden ge-eximeert van de Verhooginghe van de Helft van de voorssegde Lyst voor soo veel het uytgaen belanght, ende van het Veylgelt voor soo veel het inkomen betreft: Dat voorts alle Soorten van Manufacturen, die in de Lyst der Convoyen en Licenten, ter Vergaderinge den een en twintighsten Augusti 1682 gearresteert, hoogher zijn gechargeert in het inkomen als komt te monteren de voorssegde ordinaris Lyst ende de Verhoginghe van de helft van dien, soo hoogh sullen werden of blyven gechargeert als de voorssegde nieuwe Lyst is medebrengende, Schoon de Verhooginghe meerder soude mogen bedraghen als de voorssegde ordinaris Convoy-lyst ende verhoginge van de helft van dien; behoudelijck dat de selve Manufacturen dan oock wederom sullen genieten het beneficie van het transitoir, voor so veel die transitoir sijn, volghens de Resolutie op huyden genomen.

  Dat de Inlandsche Tabacks-Bladeren in het uytgaen sullen werden beswaert met drie Stuyver, op yeder pondt.

Dat de Wijnen, Brandewijnen en Azijnen, soo wel in het inkomen als in het uytgaen, sullen werden aengeslagen in Conformité van de voorssegde nieuwe Lyst; ende dat de leckagie, die van de voorsegde Wijnen, Brandewijnen ende Azijnen, mitsgaders andere Goederen bij de Geintresseerdens wert genoten ende geproffiteert, praeciselijck ende na de Letter van de Placaten ofte Resolutien, dien aengaende genomen, sal moeten werden gereguleert ende gevordert sonder eenighe dispensatie ofte conniventie: Dat voorts alle Koeyen en Ossen, van buyten inkomende, op de respectieve comptoiren der Convoyen ende Licenten oprechtelijck en sonder eenige verswyginge sullen moeten werden aenghegeven, op verbeurte van de Beesten die niet oprechtelijk aengegeven of verswegen souden mogen zijn, ende daer en boven een boete van drie hondert guldens voor yeder Beest dat verswegen ende niet aengegeven is.

Dat voorts alle de voorssegde Beesten van buyten inkomende, van den eersten Juny tot den laetsten Maert respective sullen worden geconsidereert en gereeckent als vette Ossen of vette Koeyen, (de magere Melck-Koeyen die op dat instant dat aengegeven worden, getrocken ende gemolcken konnen worden alleen uytgesondert) ende dat van yder de voorssegde Beesten voor inkomende recht geduyrende den voorssegde tijdt van 10 maenden sal worden betaelt 20 Caroli guldens; dat oock aen de selve Collegien ter Admiraliteyt sal worden toeghevoegt het Middel van het kleyn Segel, voor sooveel 't selve sick over de Saecken van de Zee extendeert, met soodanighe impliatien en Verbeteringen daer op, des nodigh geacht souden mogen werden: Ende dat de opheff van 't Middel gestelt op de Granen, soowel inkomende als uytgaende, sal sijn en blijven ghereguleert op dien selven voet ende wijse daer op 't voorssegde Middel althans gegeven wordt ende dit alles tot ende met den Jare 1687 in duys; ende dat alle debvoiren ter Generaliteyt sullen worden aengewendt, ten eijnde bij haer Hoogh Mogende gelijcke Resolutie mach worden genomen.

IV.

Kurze Übersicht über die von der Stadt Amsterdam aufgebrachten Staatssteuern 1671—85.

(Stadtarchiv Amsterdam L. K. G. No. 2.)

A.

Korte Staet, ofte notitie van 'tgene de Stad Amsterdam gecontribueert, opgebracht, ende effectivelyk gefurneert heeft, tot bevorderinge, ende Subsistentie van den Staet deser Landen, sedert den Jare 1671 tot den Jare 1685 beide incluys, Soo aen Ordinaris als Extraordinaris Lasten.

Als 1. heeft de Stad Amsterdam ten Comptoire generael van Holland betaelt wegens Verpondingen van de Huysen in den Jare: . . . . 1671 . . f. 380 358 : —
1672 . . „ 382 680 : —
1673 . . „ 385 347 :
1674 . . „ 387 067 :
1675 . . „ 389 065 : —
1676 . . „ 391 629 : —
1677 . . „ 395 543 :
1678 . . „ 401 261 : —
1679 . . „ 405 504 : —
1680 . . „ 416 168 : —
1681 . . „ 416 343 :
1682 . . „ 416 343 :
1683 . . „ 416 343 :
1684 . . „ 416 343 : -
1685 . . „ 416 343 :

Te samen . . — f. 6 016 337: —

N° Het Quohier van de Verpondingh over de stad Amsterdam in den Jare 1666 geslooten monteert te Somme van

f. 416 343 : — dan vermits daer onder oock gerekent sijn de Huysen, die noch geen 14 Jaren gestaen hebben, is onder Kortingh van de selve 14 jarige vrijdom aen t Land over Verpondingh betaelt, 'tgant van Jaar tot Jaar hier nevens staat.

Ten tweeden heeft de Stad Amsterdam betaalt ten voorn. Comptoire Generaal van Holland wegens Verpachtinge van de Gemene middelen in den Jare

1671	. .	f.	2089 740 : —	
1672	. .	„	1363 378 :	
1673	. .	„	1684 724 : —	
1674	. .	„	2582 710 : —	
1675	. .	„	2274 880 : —	
1676	. .	„	2515 685 : —	
1677	. .	„	2383 805 : —	
1678	. .	„	2073 705 :	

1679	f. 1 825 613 : 0 : —	
En tgunt bij collecte van de Wijnen noch ontfangen is . . .	„ 115 570 :	
		„ 1 941 183 : —
1680	f. 2 106 672 :	—
van de collecte van de Wijnen als boven . . .	„ 148 894 :	—
Van 'tZout, Zeep, heere en redemtie-gelt. . . .	„ 195 000 :	—
van de Verhogingh vant gemaal voor 4 m .	„ 53 500 :	—
		„ 2 504 066 : —
1681	f. 1 932 396 :	
van de collecte van de Wijnen .	„ 131 720 :	-
Zout, Zeep en Co.	„ 203 360 :	—
Verhogingh van 'tgemaal voor een iaer	„ 183 000 :	—
		„ 2 450 476 :
1682	f. 2 249 623 :	—
Zout Zeep etc	„ 207 879 :	—
		„ 2 457 502 : —
1683 . . , ,	f. 2 336 520 :	—
collecte Wijnen, en brandewynen	„ 169 194 :	
Zout Zeep Co. .	„ 166 788 :	—
		„ 2 672 505 : —

N° 3.

Transport f. 28 994 359 : —

1684 . . . . f. 2070 531 :
Collecte wijnen
en brandewijnen „ 98 989 :—
By Collecte van
de turf en kolen „ 357 500 :
           f. 2 527 020 :
1685 . . . . „ 2 571 122 : —
       Te samen: f. 34 092 501 : —

N° Dat er wegens Zout Zeep te noch eenig gelt betaelt moet werden twelk in de f 166 788 : niet inbegrepen vermits hetselve noch niet ontfangen is.

N° Dat by collecte van de wijnen en brandewijnen noch eenige penningen staen ontfangen te werden en by gevolge niet geecomprehendeert onder de nevenstaende somme van f 98 989 : 0 : —

Ten derden heeft de Stad Amsterdam voldaen aen t Comptoir Generael van Holland wegens den 20, 40 en 80ste penningh mitsgaders boeten van de ongefundeerte processen
in den Jare . . . . 1671 . . f. 136 057 : —
           1672 . . „ 79 577 : -
           1673 . . „ 45 278 : —
           1674 . . „ 79 779 : -
           1675 . . „ 74 213 : —
           1676 . . „ 50 864 : —
           1677 . . „ 81 599 :
           1678 . . „ 93 189 : —
           1679 . . „ 147 090 : —
           1680 . . „ 147 228 :
           1681 . . „ 128 197 : —
           1682 . . „ 104 899 : —
           1683 . . „ 106 560 : —
           1684 . . „ 88 152 :
     by gissingh . . 1685 . . „ 88 152 : —
       Te samen: f. 1 450 834 : —

Ende ten vierden, heeft de meer gemelte Stad, als boven gefurneert over 't reght van 't kleyn Zegel in den
Jare . . . . 1671 . . f. 29 101 : —
           1672 . . „ 19 761 : —
           1673 . . „ 21 559 :
           1674 . . „ 25 340 : —
           1675 . . „ 26 086 : —
           1676 . . „ 25 061 :
           1677 . . „ 56 702 :
           1678 . . „ 78 592 :
           1679 . . „ 84 094 :
       Summa   f. 366 296 : —

		Transport	f.	366 296 :
		1680 ..	f.	84 079 : —
		1681 ..	„	74 196 : —
		1682 ..	„	79 145 : —
		1683 ..	„	73 479 : —
		1684 ..	„	76 368 : —
by gissingh	..	1685 ..	„	76 368 : —
	Te samen:		f.	829 931 : —

Behalven de hier voorenstaende gespecificeerde ordinaris Lasten heeft de gem. Stad Amsterdam noch betaalt de volgende Extraord. Lasten als 1. Wegens verscheyde 200 Penn en Caple Leeningen by haer Ed: groot mo: van tijd tot tijd geconsenteert, te weten, op den

26. February 1672.	1. 200 Penningh gevensgelt . . .	f.	646 500 : 5 : —
16. April 1672	2. 200 Penn. En by resolutie van 27.Aug.1672 gecoverteert in Capitale Leeningen te betalen in Gout en Silverwerk .	„	1 353 000 : 10 : —
14. July 1672	2 Capitale Leeningen te betalen als boven . . .	„	1 353 000 : 10 : —
26. Decembr 1672	1. reëel voor a° 1673 Capitale Leeningh	„	657 937 : 9 : 4
	by de voorn resolutie was ook geconsenteert in ¹⁄₄ part van de Tractementen daervoor de Stad betaalt heeft	„	27 356 : 18 : —
9. Maert 1673	1. reëel, zynde Capitale Leeningh .	„	655 775 : 10 : 2
15. Juny 1673	2 reëel utsupra gevensgelt . . .	„	1 295 308 : 0 : 12
8. October 1673	1 reëel gevensgelt	„	644 035 : 15 : 14
22. Decembr 1673	1 reëel gevensgelt	„	641 362 : 7 : 8
	Noch wegens den 200 Penningh geheven werdende van de Tractemen-		
	Transport	f.	7 274 277 : 6 : 8

X 3.

			Transport	f. 7 274 277 : 6 : 8
		ten der Officianten bij gissingh also noch niet verrekent is	f.	11 000 :
27. Maert	1674	4 Capitale Leeningen . . .	„	2 706 001 : —
28. July	1674	2 Capitale Leeningen . . .	„	1 353 000 : 10 : -
24. Decembr.	1674	2 200 Penningen gevensgelt . . .	„	1 422 208 : 8 : —
24. Mey	1675	2 Capitale Leeningen . . .	„	1 410 089 : 16 : -
20. Decembr.	1675	2 200 Penningen gevensgelt . . .	„	1 373 642 : 4 : —
15. July	1676	2 200 Penningen .	„	1 362 055 : 7 : —
19. Maert	1677	2 200 Penningen .	„	1 330 031 : 7 : —
31. July	1677	1 200 penningh .	„	661 633 : 9 : —
22. Decembr.	1677	1 200 penningh .	„	652 409 : 14 : 9
8. April	1678	1 200 penningh .	„	649 697 : 2 : 9
20. Augusti	1678	1 200 penningh .	„	647 170 : 6 : 9
29. Maert	1679	1 200 penningh .	„	640 203 : 11 : 9
31. Mey	1680	1 200 penningh reëel	„	630 000 : —
11. Decembr.	1681	1 400 penningh .	„	310 000 : —
		Te samen	f. 22 433 420 : 3 : 12

Boven t' gene voorschreven is, is nogh in den Jare 1672 op den 16. April by haer Ed. Groot mo: extra ordinaris geconsenteert in een halve verpondinge, ende by de Stad Amsterdam over hare huysen te sage voorschreven betaelt . . . . f. 208 171 : —
Ende op den 28. July des Jaers 1674 is een gelyke halve Verpondinge geheven, en is by gevolge door Amsterdam geturneert een gelijke somme van „ 208 171 :
 Te samen f. 416 342 : —

 Somma Totalis
Van de Verpondingh zedert 1670 tot 1686 „ 6 016 337 : 0 : —
 Gemeene middelen utsupra . . „ 34 092 501 : 0 : —
 20, 40, en 80 te penningh utsupra . „ 1 450 834 : 0 : -
 Van 't kleyn Segel utsupra . „ 829 931 :
 Te samen f. 42 389 603

¹ D— 2 posten zijn by gi-ingh genomen alsoo deselve nogh niet verrekent sijn.
 Dat onder het ' t part van de Tractementen ter Somme van f 27 ... 18: hier boven gespecificeert, niet begrepen sijn, de Tractementen dewelke by de Oostindische Compagnie, by de admiralhteyt tot Amsterdam, en by d' Ontfanger van de gemene Middelen deser Stad, betaelt werden.

	Transport	f. 42 389 603 :
Somma Totalis van tgene de Stad Amsterdam in de voorzegde Jaren aen Ordinaris Lasten heeft opgebracht . .	„ 42 389 603 :	

Somma Totalis

| Van alle 200 penningen en Capitale Leeningen by Amsterdam betaelt zedert de voornoemde Jaren . | f. 22 433 420 : 3 : 12 |
| ¹⁄₂ Verpondingen | „ 416 342 : — |

f. 22 849 762 : 3 : 12

Ende zal over Ordinaris en Extraordinaris Lasten, de somma van . . .   „ 65 239 365 : 3 : 12

Nᴬ Dat onder de voornoemde somme van f. 65 239 365 : 3 : 12 by de Stad Amsterdam zedert t' begin van den Jare 1671 tot 1685 incluys, opgebracht, niet begrepen is, 't geen de Admiraliteyt binnen de selve Stadt, van de goede gemeente van Jaar tot Jaer zedert deselve tijd, heeft ontfangen, wegens Convoyen en licenten met de ¹⁄₂ verhogingh, mitsgaders Last en Veylgelt, t' welk Jaarlijs al een seer merckelijke somme komt te importeren.

B.

Memorie van eenige Imposten op ordre van de Lande onverpacht gelaten, waer van ten Comptoire van den Heer ontfanger de Wilhem penningen zijn gefourneert als volgt.

Op de Wijnen tot laste van de Tappers is boven de 37 000 — by verpachtinge uytgeloost door den Commis Jacob van Campen betaelt op de voorszegde impost van 'tjaar in gegaen prᵒ October 1679	f. 37 068 : 6 : 6
door Barent Frits en Johannes Basse op de Quotisatie Wynen van den selven termijn	„ 78 501 : 19 : 9
	f. 115 570 : 6 : 3
door den Commies Jacob van Kampen op de Wijnen en tot laste van de tappers van 4 jaer ingegaen prᵒ Octobris 1680 betaelt	„ 59 836 : 13 : 6
Door Fritz van Basse op de quotisatie Wijnen ingegaen prᵒ Octobris 1681 betaelt .	„ 89 057 : 10 : —
	f. 148 894 : 3 : 6
door den Commies Jacob van Kampen op de Wijnen van 4 jaer ingegaen op prᵒ Octobris 1681 betaelt	„ 49 860 : —
door Frits van Basse op de quotisatie Wijnen Ingegaen prᵒ Octobris 1681 betaelt	„ 80 958 : 8 : 6
Noch door Basse op de 3 voorszegde imposten van den Jare 1679 1680 en 1681 betaelt	„ 902 : 3 : 4
	f. 131 720 : 11 : 10

N 3.

Op de Pacht van de Wijnen, van 4 jaer
ingegaen pr° Octobris 1683 is Gecollecteerd en betaelt . . . . f. 156 993 : —
Brandewijnen . . . . . . " 12 204 : —
f. 169 197 : —

op de Pacht van de Wijnen etc. van
4 jaer Ingegaen pr° Octobris 1684 ingecollecteert en betaelt . . . . . . " 93 589 : —
Brandewijnen . . . . . . " 5 400 : —
f. 98 989 : —

de verhoging van 't Gemael voor $\frac{4}{m}$ ingaende 8. april 1680 eyndigende ult°
July 1680 is gecollecteert en betaelt . . " 53 500 : —
de verhoging von 't Gemael, voor een
Jaer ingaende pr° Augusti 1680 utsupra
eyndicht ult° July 1681 is betaelt ut. . " 183 000 : —
Nota de Collecten van 't Sout en voor de
jaren 1680, 1681, 1682 ende 1683 . .
Of de Impost van de wijnen, mee en
azynen van 4 jaar ingegaen pr° Octobri
1683 gecollecteert en betaelt . . . . . " 156 993 : —
op de brandewijnen als vooren van 'tzelve " 12 204 : —
als voor op de wynen, mee, azynen van
t jaer ingegaen pr° Octobri 1684 . . . " 93 589 : —
op de Brandewynen uts . . . . . . " 5 400 :

V.

Aktenstücke über die Gründe des Verfalls der Seidenindustrie und die Mittel, die zur Hebung derselben dienen können 1774.

(Stadtarchiv Amsterdam Lade Z. 9 Nr. 8.)

A.
Memorie

(onder verbetering) op een on-een-zijdige wijse, bij propositie voorgestelt wordende om, als eene der hoofdzaken voorwaardig te dienen, ter Herstel, en meerder Debiet hier te Lande, en op een gepermitteerde Wijze van hier na elders buytten Lands der goude zilvere en Zijdefabriquen hier te Lande wordende gefabriceert, dog dit voorstel alleen werdende gedaan, onder wel uytdruckelijke reserve, vooraf, dat hetgeene de minste Legie, off benadelinghe soude kunnen opereeren (by zo verre de zaaken daarin vorkomende en aan de meerdere kundigheid, ter Juyster beoordeeling geheel onder geschikt werdende overgelaaten) aan de Hoog en Wel Ed. Oostindische Compagnie deere Lande, nog hen Wel Ed. waar belang, en interest, in een off ander opzigt, aangaande het product, hunner oostindische Zijde tot het fabriceeren, hier te Lande van voornoemde stoffen benodigdt.

En dus:

onder de opgemelde voorbehoudingh van in geenerlij wijze te zullen benadeelen en indrang veroorzaaken ter verkorting van voornoemde belang en interest

werd

wijders nader voorgestelt: off niet in de aller eerste en hoofdzakelijke plaats, ter Herstel en meerdere Debiet, den voors-

⸺gde fabricquen hier te Lande van het meeste gewicht, en
aanbelang te considereeren soude zijn, so wanneer met
en onder de hoog gunstige voorstand Approbatie en goed-
kenningh van zijn doorluchtige Hoogheid den Heere Prince
Erfstadhouder der vereende Nederlanden, bijzonder en derselvs
hooge digniteiten in en ter zaake, der wel Ed. oostindische
Maatschappije hier te lande, en van die der verdere Hoog
aanzienlijke, interressanten, en hoofdparticipanten dien gedagte
O. C⁰ en door hun hoog en wel Ed. goet gunstige Intercessie,
bij den Soevrijne deezer Landen bij wijse van eene onder
handeling, mogte worden beraamt en toegetredten ten einde
(waare het mogelijk) ten nutte en behoeften vervullen, van
d fabrikanten en Zijdehandelaars tot voortsetten den gem(elde)
fabricquen en handel by den octroije van welgemelde Hoog en
Wel Ed. O : C : mogte worden beraamt vastgestelt, en ver-
gunt, alwaar het maar provisionelijk voor zeeker getal . . .
Jaaren, in yder dien Jaaren (mits de gelegenheid, ten inkoop
doorde ordres, van gedagte O : C⁰· in de oostindien, dooral
daar g wegzaame quantiteijten van de verscheydenen Soorten
van zijde, van den zijdeworm aldaar afkomende ende deswegens, voordelig uytvallende recolte der zijde, daartoe be-
kwaam waare; maar eerder nog anders niet) een seekere vast
gestelde Quantiteit in Elk dier Jaaren voor hunnen Fabrikeur
en Fabricquen handel genoegzaam en zulex van de diverse
Sortimenten van zijde door hun Hoog en Wel Eds. ordres telkens
in Yder dier Jaaren uyt de Oost Indien met de Compagnies
Scheepen herwaards na deeze Landen over, en inkoomende
en dus in yder Jaar Een Quantiteit van ⸺ ⸺ ⸺ ⸺ ⸺

⸺ (voor zooveel na geleegenheid ende favorable om
standigheeden als voor zegt in de oost, Indien zig daar toe
gunstig op, en voordoende aan de ordres aldaar daartoe heb-
hende van gemelde Wel Ed. O : C⁰. hier te lande den gedagte
inlandsche Fabrikeuren en Zijdehandelaaren (soo het doenlijk
mogt sijn) pro yder dien Jaaren van de benodigde Zydegoet
gunstig te voorzien.
En ten tweeden, dat also bij aldien zulx aan hen vooroof
gunstiglijk konde en mogt weezen toegestaan of op een off
andere wij e Zij Fabrikeuren en Zijdehandelaars ten einde
als boven in tant mogten koomen) alzo dat er in allen gevallen successive met de herwaards overkomste der gedagte
scheepen van de du meer of min hier te Lande inkoomende
Oost Indische Zijde in voornoemde Jaaren ende op vijlingen
publiecque verkoop door de ordres van de Wel Ed. O : Co.
alhier ten kamere en bij hun Wel Ed andere kamers, dat
dan alleen maar provisioneel vor de . . . . Jaaren de prijzen
ter inkooping voor hen Fabrikeuren en Zijdehandelaaren zo-
danig modicq mogten ge telt en geealculeert worden en dus

ter inkoop aan hen toegestaan, dat zij alzo Aanvankelijke in
beettere apparentie konden geraaken van in staat te sullen
koomen in het Debiet en vertier van d' hun fabricq en
handel.
En dat dus tot dien aankoop Zij fabrikeuren en Zijdehandelaars, daartoe volgens die vooraf vergunde Prijs calcu-
latie mogten en altoos (op yder dier verkoopingen binnen de
voornoemde Jaaren) na, en volgens dito schikking en calcu-
latie mogte gehouden worden to zijn gepraefereert tot het
doen van den Inkoop van alle die soorten van zijde, bijge-
dachte Wel Ed. Oost Indische Comp. en dat voor off met ter
zijde stellingen van allen buyten Landeren daer toe admissie
te mogen hebben, des ten opzichten van d° inkoopers onder
den anderen, en eenyder van hen voorzig, met volle vrijheid
om telkens bij d° opvijling hoger opbot, voor dito Zijde te
moogen doen, en die daar voor te moogen ontvangen also
meede om van ydere soort dier sijde, zo veele quantiteyten
op d° vijlinge te mogen inkoopen als dezelve voor zig beno-
digd mogte hebben. En mits dat de Inkooper, in cas van
weder verkoop, dien zijde, voor die zelve inkoopsprijse;
(onderling met den anderen dan staande de vijling nader te
bepaalen), dan ook, daartoe praeferentie quaame te verleenen
aan gedagte hunne meedefabriekeuren en handelaars in zijde
alhier te Lande woonagtig boven de toelaating dien aangaande
van buyten Landeren daarvoor aan hen prijs biedende.
Een voorts ten aanzien van hen fabriekeuren en Zijdehandelaars hier te Lande gezaamentlijk genoomen dat dezelve
dus dan ook gehouden en verpligt souden sijn, omme met
den anderen telkens die op te vijlene partije Zijde bij gemelde Wel Ed. O. Co. te moetten oon dito vooraf daartoe ten
hunnen behoeven bepaalde prijse tot inkooping, inkoopen.
Waar van den door een ijeder vas hen, bij schikking onder
den anderen telkens die op vijlde Zijde voor hun reekening
soude werde gelaatten, ten ontvangst, van en voldoening dien
koopsprijse aan wel gemelde O. C°. van alsulke quantiteiten
als yder kooper mogt koomen intekoopen.
Maar des daarenteegen zo soude dito fabriekeuren en
handelaaren in zijde, bij wijse van remplacement aangemelte
Hoog en Wel Ed. Participanten en geinteresseerdens
van en in meer gemelde O:C°. van het geene aan hun
Wel Ed., bij d°. vijling en voorszegde inkoop der zijde in
voornoemde ..... Jaare minder mogt hebben opgebragt als
ter voorziening en vergoeding van hun Wel Ed'· belang en
interest in gedagte O. C°· mogte vereijscht worden, ten goeddoening der kosten so wegen de door hun Wel Ed · ordres
in de Oost Indien p·ᵣ hun Wel Ed'· gestabileerde Negotie
Comtoore daar te Lande als vervolgens op deze toere herwaards na deeze Lande voorgevallen, met het Expireeren van

het Laaste der gemeldc ..... Jaaren aan me te meer gedagte Wel Ed. O. C° door ydere Fabrikeur, en Zijdehandelaar, Pro rato van het geheele montant of somma dier zijde welke dezelve bij de opvijling der zijde, by gemelte O. C°. mogt hebben ingekogt, van yder zulke partij Zijde afsonderlijk gereekent, Voor eens geeven geldt boven den inkoopsprijs van d° partij, nog moetten opbrengen en zonder eenig het minste manquement terzet off uijtstel ter Eerster vordering en aanspraak P' de ordres van deselve Wel Ed. O. C°· aan dezelve moetten bij wijse van ophoogingh boven den geaccordeerde prijs, voldoen, een interest van .... per C'°· En dat Elk, dier Inkooperen deswegens vooraf en een opvijling finaal oudeweesen afgeloopen ter kamere daar sulx soude werden gedaan, ten vollen genoegen van Welgemelde Wel Ed. O. C° voor die te doene verhoogde opbrenging, alle vooraf bij den Octroye te beveelen securiteit en seekerstellingen zoude moetten doen onder soodanige Paenaliteid in cas van wijgering off nalatigheidt als daar bij mogt worden bevoorwaardt.

En op dien grondslag, den verder (voor onderstelt dat daartoe ook ten faveure van d° Fabrikeuren en Zijdehandelaaren hier te lande ter respectieve kamere van verkooping van d° O. C°· de bedonigde ordres mogten en Waaren gestelt) dat in cas van hooger biedinge van prijze voor d° Zijde, door off van wegens buytten Landsche Fabrikeuren en Zijdehandelaars dat dan nog den Fabrikeuren en zijdehandelaars hier te lande (mits zig binnen zeekere bepaalde tijt, vooraf daar toe aan Een door meergedagte O. C°· te vergunnen ende bepaalen) aan of ter plaatse van de opvijling derwegens na behooren declareerende de voorkeure mogt werden verleent, omme voor d° hooger opgeboodene prijze van gem' Wel Ed. O. C°· telkens zulke partije zijde als praeferente Inkoopers te moogen overneemen.

Elog in dat cas, dan ook, aan de andere Zijde, te aanzien van hen binnen Landsche Fabrikeuren en Zijdehandelaaars, dat dezelve van wegens gemelde Wel Ed. O. C°· of hunne ordres in het zeekere mogte worden geinformeert dat dien hooger opbot van prijse tot inkoop der Zijde in den daat waare gedaan door off voor rekening van buyten Landsche Fabrikeuren en Zijdehandelaars

berustende dus

1. Het hierboven (onder verbetering) voorgestelde alleen op de navolgende vooronderstellingen Namelijk:
Dat bij de opgemelte Hooge en Illustre Souvrijne deeser Lande met welgedagte Hoog en Wel Ed. O. C° de vorgestelde zaaken in de tegenwoordige omstandigheden goet guntig in Zeflexie mogte koomen

2. dat dan nog (sulx verworven Zijde) bovendien in cas van die begunstigende schikkingen in en ter zaake als

voormelt, die naast den Velijk niet wel andern soude voor
den inlandsche Fabrikeuren en Zijdehandelaars hun gewenscht
verlangen zoude konnen voldoen, dan onder een in de Natuur
der zaak zelve opgesloottene of daarvan geaccroisseerde niets
namelijk en dat de geleegenheid in de Oost Indien, door de
ordres van de meergedagte Wel Ed. O. C^{o.} aldaar ter inkooping van zijde niet op eenigerlij wijse belemmert of ge-
stremt aldaar wierde, door de Inkoop van Comtoore van
Negotie aldaar gestabileert van wegens de Hooge ordres en
Lastgeving ter bekoomingh van alsulke zijde, van andere
Potentaten en Natien Endat er successive (door de wel uytvallende recolten der zijde in de Oost Indien boven en behalven die ook aldaar vor of wel ten behoeve van gemelte
O. C^{o.} hier to Lande bekwaame geleegenheid waare, ten be-
kooming der quantiteiten, en sortimenten der Zijde die volgens
vergunninge als bove gezegt, aan d^{e.} Fabrikeuren en Zijdehandelaars hier te Lande also mogte worden toegestaan.
 3°. en ten derden en Eijndelijk dat eens genoomen alles
in maniere voormelt of op andere wijse, ter hunner beettere
in Staatstelling ter Herstel en meerder Debiet hunner voormelte inlandsche Fabriquen, goetgunstiglijk voordende en Zijnde
te beraamen, en vasttestellen dat dan egter ook nog door welgemelde Illustre Colegien aan hun Fabrikeuren en Zijdehandelaars de Herstelling en verdere voort zetting en uytbreiding
hunnen gedagte Fabrijequen en Zijde handel van wegens als
boven nadere ordres en vergunningen zoude nodig weeren
betreffende die hunne verdere voortzetting voor sooveel de
daar van voortspruyttende meerdere vertier en debiet te
veel mogte kunne stremmen, het ordinaris debiet en vertier
van oostindische Stoffen successive door de hooge ordres als
boven uyt de oostindien met de scheepen der O. C^{o.} indeze
lande arriveerende off van andere Stoffen uyt andere Landen,
op een gepermitteerde wijse hier te Lande ingevoert en ver-
debiteert werdende.
 Omtrent welke derde en laaste grondstelling en het be-
denkelijke daarin in voorgestelt mogelijk door verdere autori-
teyt en begunstigende — schikkinge als boven ter weder
zijde nuttig als een statutair Reglement en ordre voor hen
Fabrikeuren en Zijdehandelaaren waaren te koopen, omtrent
de geruste en bevijligde voortretting hunner Fabriquen en
handel nadat dan voor of verder uyt hooge authoriteyt als
voorzegt zij, van wegen deselve bij vervolg van tijt (hunner
Fabrikeuren en Zijdehandelaaren fabricquen en handel flore-
rende voortgaande) mogte worden begunstigt in hunne fabricquen en Zijdehandelaaren uyt en door de gedagte Hooge en
Illustre Soevereiniteit deeser Landen (voor so veel sulx uyt
de beveelende magt, derselve hooge overheyd en derselver
prudente oordeel mogte worden verstaen en verordineerd als

niet strijdende waare met de Placaatten van den Landende ordonnantien der bijzondere Steeden, off met de tractaaten in t'vreemde Mogendheeten gemaakt) als aan hen tot meerder een doorgaander vertier dragt, en slijtagie mitsgaders tot verdere debiteering en versending na buyten Lands mogt kunnen en worden goedgunstig toegestaen en verleent vermits ook dat zij inlandsche Fabrikeuren en Zijdehandelaars door die also voortzetting, hunner Fabricquen en Handel (waardoor zij Een zeer groot aantal behoeftige arbeidslieden en Ledig-gangers hier te Lande ter ontlasting voor de Diaconien en publiqne Godshuysen aan de kost konnen helpen) dus niet soude kunnen hog vermoogen eenige Legie off nadeel too te brengen aan het vertier en Debiet en gebruyk van alle van zijde gewerkte Stoffen: die successive door de ordres van de nu te meer voormelte Hooge Interessanten van gedagte Wel Ed. O. C met haar Companies scheepen herwaards na deze landen mogten werden overgevoert en inkoomen.

En dus werd het zakelijke in deese Memorie verbat: als alleen up een Neutraale wijse en off die eenige Nadere over-weging en reflexie tot Nat. soude kunnen en mogen Meeri-teeren ten eenemaale onherroepelijk aan Prudenter beoor-deeling in desen als voore vorgedragen. — Meit alle sinceriteit en verschuldigde obedientie.

En also voor een wijl tijds eens vast vooronderstelt zijnde dat en, op de eene off andere manieren voor de meergedagte Fabrikeuren en Zijdehandelaars uyt hooge authoriteit en met voorstaaning als booven sulke schikkingen en ordres waaren beraamt, waar door zij in voornoemde Jaaren genoegsaam voor hun Fabricquen en Handel van oost indische Zijde, ten mo-dicque prijse, als voormelt, soude worden goetgunstig voorsien: Maar daar tegens ook vast waare bepaalt hoeveel de Hooge Interessanten van de O. C°· op yder parthije te verkoopene zijde, zoude moetten profiteeren: ter goeddoening hunner Inkoops Kosten in de Oost Indien, en op de Retoeren voor-vallende, gestelt eens, ten bedragen van elke parthij: pro rato 25 prCt. Maar dat aan Heen Hoog en Wel Ed. Interes-santen daar van in de Jaaren bij den Inkoop van yder partij Zijde door gemelte Fabrieken Een en Zijdehandelaars pro rato bij den inkoops prijs, op reekening zoude worde betaalt 15 prCt Do, zoude met de Expiratie van het Laaste dien voorgezde .... Jaaren, door hen op der voet als hier vooren reets is ten nedergestelt, nog aan wel gem. Hooge en Wel E. Interessanten in voorsegde O. C° bij wegen van Remplace-ment, vor eens elk pro rato van zijn in dien tijt gekogte zijde moetten werden goedgedaan en betaalt 10 prCto.

B.

*Aan de Wel Edele Groot Achtbaare Heeren
Burgermeesteren e Regeerders der Stad Amsterdam.*

Geeven zeer Eerbiediglijk te kennen, de SuperIntendenten der zyde Reederijen dezer Stad, uyt aanmerking van het groot en meer en meer toeneemend verval der zijde Fabricquen en de verlegging der zijde Negotie uyt deeze Stad naar andere Plaatsen; dat de Supplianten met redenen veronderstellen zulks hoofdzakelijk voort te spruyten uyt het niet genoegzaam aanbrengen der Jaarlykse vereyschte Sortimenten en quantiteit van zijde door de Oost Indische Compagnie dezer landen, daar niet tegenstaande deselve, volgens de conventie met de Steeden Haarlem en Amsterdam op den 28. November 1740 tot het aanvoeren van een veel grootere quantiteit verpligt waare, aan de zedert gemodereerde Eysschen en ernstige vermaningen der jaarlykse, door Uwe Ed. Groot Achtb. daar toe gequalificeerden en die der Steede Haarlem op Verre na niet voldaan heeft; Waaromme de Supplianten sig wenden tot Uwel Ed. Groot Achtb. eerbiedig verzoekende dat het Haar Ed. Groot Achtb. behaagen moge, om bij de deliberatien over het vernieuwen van het Octroy der Ed. Oost Indische Compagnie de belangens eener Tak van Commercie welke eertyds groote rijkdommen aan ons Vaderland en voornamelijk aan deeze Stad aangebragt heeft, ja waar van thans nog een groote menigte Ingezetenen hun Levens onderhoud verkrijgen, onder Hunner Edele Groot Achtb. vaderlyke Protectie te neemen, en het daar heenen te wenden dat deselve Maatschappij, door nader schikking op vorter wijse verpligt worde om zo niet aan de bovengemelte conventie van den Jare 1740 te voldoen, ten minsten tot aanbrenging den Jaarlykse optegeevene Eysschen van de daar toe door Uw Edel Groot Achtb. aangestelde Personen nader verbonden te werden.

Twelk doende etc.

C.

Brieff van een vriend in ..... aan een vriend in .....
over 't verval der kwijnende zijde en zijde stoffen fabricquen en de middlen die deselven wederom soude kunnen opbeuren voorsoverre de Ed. oostindische Comp. deren Landen daartoe kan contribueeren.

Mijnheer

om aan UEd verlangen te voldoen sal ik mijn gedagten UEd mondeling meedegedeelt wegens de verbeetring der fabricquen insoverre de oost Ind. Comp. daertoe kan contribueeren met veel pleijsier op het papier stellen, ik bedrijp dan om direct ter saake te komen dat onse fabricquen vervallen

1 door nayver onser nabuuren in duytsland braband en elders die ziende onse progressen daardoor sijn aangespoort geworden om ons na te volgen

2° door dien deselffde nabuuren de arbeydsloonen en wooninge, veel goedkoper hebben dan wij en ten

3° door dat sij met seer geringen onkosten destoffasie off zijde die sij noodich hebben, soo goed kunnen bekomen dan wij.

Indien wij nu in staat sijn dit Laaste te beletten ten minsten te sorgen dat wij sterk daarin voor sijn soo is er geen twijfel off wy souden gelijk voorheen een goed debiet van onse gefabriceerde zijde en zijdestoffen bekoomen te meer als men considereert dat de duytsche en vreemde sich meest op 't verslegten der gefabriceerde goederen toeleggen en men in deese Landen zulks ongewoon is, gelijk dus Egaal synde, onse goederen nog althoos geprefireerd worden dus soude de Twee eerste reedenen van verval van selffs ophouden. Om daar toe nu aanlijding te geeven is reeds door de Hoogloftelijke magistraten der steede Haarlem en Amsterdam by 't octroyeeren der Edl. oost. Ind. Comp. gesorgd dat deselve so ik meen $\frac{100}{m}tt$ zijde t' jaarlijks mogt aanbrengen, waertoe is dit nu geschied? is 't niet met oogmerken van de ingesetenen en burgers der gemelde steeden te bevoorregten immen kan sulks niet ontkend worden maar wat niet heeft men en van gehad? de oost Ind. maatschappij heeft so men segt voorgegeven

1. dat sij bij de zijde te brengen verloor
2. dat onse fabricquen so veel niet vereisten
3. dat 't dog voor de brabanders, duytschers en andre natien was meer dan voor onse fabricquen waer toe dan nuttelos te verliesen.

Dus dan heeft deselffde Comp. meedegebragt wat sij goedvond en nooyt gehoor gegeven aan den Eisch der fabriquanten namentlijk om die te vervullen ondertusschen even blijfft het seker dat onse kragt in de fabricq alleen bestaat inde zijde die onse oostind. Comp. meedebrengt, want door den aanval uyt Nederlands Indien bekoomen wij alst waare zelff een zijdeteelt en door 'tzelve de geleegenheid om teegen de Italianen en andere Natien, die hunnen eygen zijdeteelten hebben te kunnen Stand houden, derhalven blijfft de sorg van de gemelde magistraten een goede welgepaste sorg een middel om veele duysende armen menschen van den bedelrak te houden en in tegendeel hun brood met eere te doen winnen, een middel selfs om door het welvaren der fabriquanten, Rijkdom en Overvloed int Land te brengen, en dus in alles tot welvaert van dit goede Land te verstrecken, voorbeelden daar van zijn genoeg voorhanden dat dit also gebeurt is want toen de Ed. oostind. Comp. zwaare partyen zijde aanbragt, floreerde de fabriquen, hoe veele voornaeme Steden der maatschappij ten Ingeseetenen hebben de bloeyende fabriquen niet verwekt. Jaa zelffs de Leeden der oostind. Maatschappij hebben en door gewonnen: want magt van geld voor te vertieren van coopmanschappen in ons land bearbydt in 't Land komende soo sijn de Intresten vermindert ende actien in sulken hooge waerde gekoomen daar men die na maate de fabriquen in ons land sijn vermindert, allenskens heeft sien daalen, konde men daarenbooven eens nazien de armboeken den steeden Amsterdam, Leyden, Haarlem. Utrecht ja mooglijk ook Friesland en Noordholland men soude ongetwyfeld vinden dat na maate de fabriequen sijn affgenomen 'tgetal der armen considerabel is vermeerdert en de uytgaven veele tonnen gouts meerder bedragen als te vooren, de Edl. oost Ind. Comp., heeft echter ook onder de aangevoerde seer billyke redenen tot klagten waarom ik die nu eens van stuk tot stuk sal nagaen.

1º betreffende 't verlies off sulks in der daat bestaat, sal de Comp. best zelff weeten so men (gelijk mij gesegt is) 40 proeto vragt reekent; dan geloof ik ontwijfelbaar dat en verlies op is, maar so men dan een *tl* zijde, gerekend op f. 8 vier en sestig Stuyvers per *tl* vragt rekende, ende selff de vragt eens voegde bijde Coffy t. *tl* : dan zoude de oostind. Comp. verscheiden Capitaelen verlies leyden en daarom zo een articul absoluut niet moeten aanvoeren maar dit voor andren vreemde Compagnien overlaten, dog ik vertrouw niet dat er bij de Ed. Oost Indische Comp. sulk een onevenreedige vragt bereckend word en plaats vind dan kan ik niet begrypen, hoe deselve bij de zijde verliesen soude daer men de fransche en Engelsche jaa ook somtydt andere Compagnien jarlyks groote partigen ziet aanbrengen en dat ongedwongen sonder daar toe te sijn verplicht, voegd daarbij dat onse O. I. C. op Java de schoonste zijde kan teelen die men wenscht. Maar eindlijk de vraag is niet off de Oost. Ind. Comp. winst off verlies bijt retour den sijde heeft sulks is bijt accoort off bij de conventie door deselve met de steede Haarlem en Amsterdam aangegaan niet bedongen, en al verloor deselve Comp. daaraan soo is sulks in geen deelen te compareeren bij het onderhoud van zo veel menschen als er door welvaaren en van armoede bevrijd worden. Jaa so er meergemelde Compagnie by verliest ist' in alle gevallen, maar meede een deel van de prijs die zy uytgeeft, voor 'tuytsluytend Regt om alleen na de Oostindien te mogen handelen en dus besluyt ik dat de Oost. Ind. Comp. soowel aen eenig ander ingeseetene verpligt is haar contract na te koomen 'tsij 'met tsij sonder voordeel '2 de belangende dat onse fabricquen so veel niet vereischen dit is wel seeker in de tegenwoordige omstandigheden en hoe minder zijde de comp. aanbrengt en daartegen veel stoffen fourneerd hoe minder wij nodig sullen hebbe want dus raaken de fabricquen verlooren ende contante gaan t Land uyt: was't niet sulk een ontzaggelijke cost Indische comp. dewelk als een groot Lidt den maatschappij van ingezetenen onse fabricquen behoorden te begunstigen behoorde sij niet van de Goederen die in ons land gefabriceert worden, althoos na de Indien te versenden, gelijk bij de oprechting van haar Sositeid is geschied, behoorden zij niet door aanvoer van allen wat tot onderhoud van de Ingezeetenen dezer Landen (hunnen meedeburgeren waarboven zij 'tgeluk hebben tot hun Handel gepraediligeert de zijn) strecken konden de gantsche Republiecq te helpen gelukkig maahen en niet te onderneemen dan 'tgeene soo wel met 't algemeen belang als met 't Haaren overeenquam. Maar helaas wat zal ik van dit alles seggen ik geloff voor zeeker dat te vooren door de fabricquen van zijde en zijdestoffen alleen, meer menschen binnen ons land in 't werk gehouden en geprospereerd sijn en dus meer voordeel wierd aangebragt dan thans door de geheele O. I. Comp. voordeele werden aangebragt, dewyl men in plaats van onse gefabriceerden goederen te verkoopen deselve integendeel tot groot nadeel der fabricquen inbrengt en contanten uytvoert, daar 't nu de rijkdom van een Land uytmaakt dat er veele Ingesetenen hun bestaan hebben en vinden soo blijkt dat sulk handelen seer nadeelig voor ons land is, dat de stoffen die de oost. Ind. Comp. aanbrengt zo wel als die van andre quartieren inkomen met een swaare belasting diende bestempeld te worden, sonder dat daar sluykerijen in konde plaats vinden. Verder meen ik door de volgende redenen ook te zullen toonen dat onse fabricquen de bepaalde quantiteit soo niet in de tegenwoordige gesteldheid ten minsten in 'tvervolg wel soude kunnen noodig hebben.

 ten 3^e moet ik op de reedenen dat de O. I. Compagnie ook tot 't nut van de brabanders duytschers, als andere de sijde aanbrengt deselve Compagnie volkomen Justificeeren en 't is precies in dit point, daar ik 't redres meen te vinden.

 Toen de conventie met de O. I. Compagnie is aangegaan waaren de zijdestoffen fabricquen in Europa niet Rondom ons grensen, men wist van fransche en Italiaensche stoffen die gefabriceerd wierden in Landen daar men selffs zijde teelten heefft, en van geene anderen, dit nu is verandert, men heeft in duytsland de stoffagie uyt de zeeplaatsen met weynich kosten gehaald, men werkt daar goedkoper en men brengt thans al de gefabriceerde zijde en stoffen, van daar in ons land, 'tis waar de inkomende Rechten sijn swaar, maar die worden er sekerlijk nooyt zo 't behoord van betaald, daar nu de stroom verlegt is, dienen ook de bakens verset te worden, en de Edl. O. I. Comp. klaagt met reeden so sij op de zijde verliest off weynich wint, dat daarvan de vreemdelingen soo wel als de Ingesetenen deses Lands profiteeren, ik sal en wel gaarne bijvoegen dat de selffde vreemdelingen onse fabricquen en nog met meerder schade door aandoen dan de Edl. Oost. Ind. Comp. daarbij lijden kan. Om dit nu voortekomen en ons in staat te stellen de fabricquen te pousseeren en teegen de vreemdelingen te markten. Jaa deselve voor te leggen, was na mijne geringen gedagten best dat yder kooper van zijde bij de Oost. Ind. Comp. booven den Incoop prijs, vyff schellingen per ℔ moest betaalen, tot Namptissement 'twelk die geenen terug zoude bekomen, die onder Eede verklaarden wat hij hier op de sijde Rederyen dezer Landen verwerkten, en waartoe met opzigt tot de zijde kopers in Amsterdam (die den Eedt moeten doen, dat sij den stuyver off ander halff pr ℔ die de zijde Halle is toegestaan niet zullen fraudeeren en geen vals zwart zullen laaten verwen) dien Eedt konde geamplicerd worden onder sulk eene paenaliteyt dat die geenen die teegen deese Eedt handelde op 't Rigourenste, als een mynEediger souden werden gestraft off op gelijke voet als met de seep, die van buytenlands inkomt, en die de verwers gebruiken, sooals ook met anderen artikulen bij de colective middelen gehandeld word.

Door dit middel dan waaren wij seekerlijk in staat om tegen de vreemdelingen te negocieeren en te fabriceeren, en dat dit geen ongewoon middel is, blijkt klaar, door dien uyt Vrankrijk, selffs uyt de Porto franco's verboden is, de zijde ongewerkt te vervoeren, buyten 'slands die int Land geteelt is, gelijk sulks ook in Italien op verscheydene plaatsen verboden is, en aangetoond hebbende dat de zijde van de Oost. Ind. Comp. voor ons even als een Teelt onses lands is, soo is 't Natuurlijk dat wij met met grootste regt deselve sorge mogen dragen als andren Natien, om onse armen ingesetenen een bestaan te verschaffen en tot gelukkige meedeburgers te maaken.

Maar mogelijk soude de Ed. Oost. Ind. Comp. daartegens inbrengen, dat en dan nog minder prysen voor de zijde sal koomen, dog daar dit een suppositie is, soo kan men ook 't tegendeel supponeren en niet kont decideeren dan de ondervinding, dit is ondertusschen seeker dat als er met veertig duysent ponden begonnen en dit Jaarlijks met twintig duysend ponden vermeerdert wierd, tot de bepaalde quantiteyd toe, men het minsten risiqueeren, en uyt de Natuur der saaken souden volgen dat men ider jaar meer nodig soude hebben na maaten t'gewerkte goed, in deese landen meer afftrech soude vinden, daar en booven soude de vreemdelingen doch sommige soorten kopen, ende O. I. Comp. die 5 ƒ pro ℔ proffiteeren buyten en behalven nog dat deselve Comp. van ƒ 100 000 ℔ sijde ƒ 150 000 soude in cas krijgen, die sij in klijne payementen weder uytgaaven en dus aan den Intrest merkelijk gewinnen. De Edl. O. I. Comp. kan ook wanneer de fabricquen in deese Landen floreeren veelbeter staat op de prijsen maaken dan wanneer se haar zijde aan de vreemdelingen moet verkoopen want deselve koomen dog niet als sij er hun voordeel niet by vinden en wij waaren sekerlijk dan int geval van te moeten kopen, dewijl de zijde uyt andre Landen voor ons met so veel onkosten beswaert is, meerder als die wij hier int land hebben; ondertusschen moest dit niet beletten dat alle Ruuwe en ongereede zijde hier met de klijne in koomende Regten mogten in 't Land koomen dewijl dit seer Noodsakelijk is voor sulke fabricquen, die geen oostindische sijde verwerken kunnen, althans soo als de oostindische zijde thans gesponnen is hebben de Engelse blijken gegeven dat de bengaalsche zijde, op fijn Italiaans bereijd off gesponnen, niet minder goet en tot alle fabricquen dienstig is als de Italiaanse, franscche en spaansche zijde, sooals men met monsters door de Eng. Oost. Ind. Comp. aangebragt soude kunnen aantoonen.

Hiermeede meen ik nu aan UEd intentie voldaan te hebben en ook te hebben aangewesen dat door een gering verlies (soo er al op verlooren word) bij soo veele welgegoede Leeden der Edl. Oostind. Comp. op een soo gering gedeelten hunner aansienlijke retouren te leyden, in dit ons gezegend Vaderland tot welker's welvaart de oostindische Handel is ondernomen, schatten soude worden uytgewonnen. Armoe belet, luyheid te keer gegaan, Rijkdom aangebragt, de Inkomste des lands vermeerdert ende Leeden der Ed. Oost. Ind. Comp. selffs in de waarde van hun fonds Rijkelijk schandeloos soude gesteld worden — ik blijff etc.

D.
Aan de Edlmog. Heeren Staaten 'slands van Utrecht.

Geeven zeer ootmoediglijk te kennen de geauthoriseerden van de zijde en half zijde fabricq binnen dese Stad hoe de selven tot hunne groote smerten zien en ondervinden tverval en de kwijnende Staat der zijde en half zijde fabricquen en zijde reederijen deren Landen en insonderheid van deese provintie daar nu de supplianten uyt zeekeren zijn onderrigt dat de heeren Bewindhebberen der Oost Ind. Comp. op Nieuw Octroy zijn verzoekende.

So wenden zegde supplianten tot UEd. mog. ootmoedig smeekende dat het UE. mog. behagen moogen het daar heene te wenden, dat de Heeren bewindhebberen onder sterke verpligtinge gebragt werden bijde Vernieuwing van hun Octroy van minder zijde stoffen zo niet althans meerder zijde van diverse sorteeringe meede te brengen, om door dit middel, waar het doenlijk, de fabricquen en rederijen te doen opwakkeren, of ten minsten in die Stand te houden, waar in deselve nu nog zijn, en meenen de suplianten dat de Oost Ind. maatschappij daar veel toe doen kan, indien deselve s'jaarlijks meterdaad voldeed aan den Eijsch, van de zijde fabricquers en zijde Reders der Steede Haarlem en Amsterdam en waartoe Oost Ind. Maatschappij pligtig verbonden is, door de conventie op den 28. November 1740 met de Steede Haarlem en Amsterdam gemaakt, dog zeedert den Jaaren 1750 heefft de Oost Ind. Comp. zig aan die verbintenisse wijnig gehouden hebbende de klagten van de gedeputeerdens uyt de zijde fabricquen en zijde reederijen der gemelten Steeden s'jaarlijks daar overgedaan, zo de suplianten geinformeert zijn, en tot hunnen schaade ondervonden hebben door den geringen aanvoer van Indische zijde van zodanige sorteering als zij meest nodig hebben en gebruyken bijna geheel geen Effect gehadt, de suplianten zegge sulks met schroom, als zulks dat in plaats (gelijk onder eerbiedige corectie wel behoorden) dat een zoo gepriviligeerd Etablissement als is de Oostind. Comp. dezer landen, alles zoude kunnen aanwenden wat tot handhaving van den welvaart der Nederlandsche ingezeetenen en bijzonder ook in die provintien, welke niet voornamentlijk en directelijk in de buytenlandsche Commercie participeeren, doort niet favoriseeren der Inlandsche fabricquen, en 't niet aanbrengen van genoegzaame quantiteijd en Sorteeringe van Indische Zijde tot Emploij derselver fabricquen geschikt, de zijde Rederijen en fabricquen, merklijk worden benadeelt en allengs moeten ten gronden gaan, ook meenen de suplianten dat de Oost Ind. Comp. tot dit Heijlzaam oogmerk kan medewerken, sonder het minsten nadeel aan de maatschappij toetebrengen indien de selve aan de genoemde conventie komt te voldoen en daar en boven t'jaarlijks een goede quantiteijd van Zijde en Halff Zijde Stoffen Laakens en andere goederen die in de Nederlanden gefabriceert worden derwaarts versond, met ter zijde stelling van Fransche, Engelsche off buyten-landsche Goederen gelijk de zelven ten aanzeen van de goederen hier gefabriceert gedaan heeft tot den jare 1760.

Eijndelijk neemen suplianten de vrijheid om hier neevens te voegen een bijlaage, waarin de Reedenen van der suplianten versoek door kundige Zijde-Handelaars nader worden geastrueert ende bedenkingen die daar tegens worden gemaakt, opgelost, midsgaders middelen aan de hand gegeven, door welke de Inlandsche fabricquers in Staat gesteld kunnen worden om tegens onse naburen te kunnen markten en honderden van ingezeetenen aan een goede kostwinning te helpen, waaromme de supplianten ootmoedig versoeken, dat het UEd. Mog behagen mogten in derzelven deliberatie over 't nieuwe Octroy van de Oost Ind. Comp. op 't voorgemelde een vaderlijk reguard te neemen, en der supplianten belangens ter deser gelegentheid zoveel doenlijk is te protigeeren.

Dit doende etc.

Op de Gildekamer
   in Utrecht den 30. July 1774.

E.

Aan de Edele Groot achtbare Heeren Burgemeesteren en Regeerders der Stad Amsterdam.

Geeven met alle onderdanigheid te kennen de ondergetekende alle Fabriquanten binnen deeze Stad, in inlandsche fluweelen, goude en zilvere en zijden Stoffen en gaazen en verdere Inlandsche zijden Manufacturen.

Dat zij Supplianten alle binnen deese Stad, hun Fabricquen exerceerende, en daar door dagelijks een groot aantal werklieden aan een bestaan helpende, gaarne zo tot uitbreiding van hunne Handel als tot bevordering van den bloei hunner Fabricquen, en dus ter nutte van hen Supplianten en veele ingesetenen, alles zoude willen aanwenden wat daar toe enigsints konde baaten; te meer indien sulks buyten praejudice van iemant anders soude kunnen worden geeffectueert.

Dat dit voornemen en oogmerk hen supplianten in gedachten gebragt had, den handel in hunne manufacturen merkelijk te kunnen uitbreiden Wanneer derselver uitvoer naar Nederlandsch India en de onderhorige districten wierd vrijgegeven en supplianten gepermitteert wierd daar op in hunne opgemelde Manufacturen, een vrijen handel te mogen exerceeren.

En angesien de supplianten, geinformeert zijn dat het Octroy van de Ed. Oost Indische Compagnie deeser Landen binnen korte staande te expireeren, weder zal worden vernieuwt, zo namen de supplianten de vrijheid bij deese Gelegentheid sick te wenden tot UEd. Groot Achtb. verrackende dat UEd. Groot Achtb. tot beter instandhouding der opgemelde Fabricquen derzelven goede officien gelieven aantewenden en alsoo te effectueeren dat de handel in Inlandsche fluweelen gouden en zilvere en zijde stoffen en gaazen en verdere Inlandsche zijde Manufacturen op Neerlands India, en de onderhorige districten worden opengezet en vrijgegeven onder al zulke bepalingen, recognitien en schikkingen, als UEd. Groot Achtb. naar derselven hoogen Wijsheid sullen komen goed te vinden en te bepaalen.

        Twelk doende etc.

    (W. g.) Dirk Toll.
       Gerrit Willem Reessen.
       Jan Nepveu en Zoonen.
       Klinkhamer en de Mortiers.
       Esaye Gillot.
       Lamaistre en Lacoste.
       Casparus Minden.
       D'Erven Wed Barrau.
       Meyer en Roeters.
       Govert Verhamme.

F.

 Voorstel om met de Ed. achtb. Heeren Bewindhebberen van de O. I. C^o· wegens de zijde te applaneeren.

 De zijdehandelaars zouden van alle Eysschen afzien, ende Jaarlykse Eysschen dus doende vernietigd worden midt C^o· zig zonder eenige Exceptien Jaarlyks verbond aantebrengen.

 tt 40 000 bengaalsche Zijde gesorteerd in
   tt 2000 A
   - 8000 B & B B
   - 12000 C & C C niet slegter als die tegen-
   - 12000 D   wordig vallen.
   - 6000 E
- 500 Nanquinshe Zijde
- 5000 Canton Zijde
- 7000 Florette Garens, gesorteerd in
   tt 3000 A
   - 2600 B
   - 1500 C

de tt $\frac{40}{m}$ bengaals en tt $\frac{5}{m}$ Nanquins zoude de C^o· moeten Leveren al was het dat die niet uyt Indien quamen, en in Europa moesten gekogt werden, nadien daarvan de plotzelijke ruine der Fabricquen zoude afhangen zo den aanvoor failleerde; van de anderen Soorten zoude het niet mogelijk zijn dit te vorderen door dien andere Europeërs geen of wynig Canton Zijde en geheel geen Floret aanbrengen.

 De O. I. C^o· zoude buiten het bovenstaande kunnen medebrengen, zo veel meerder, en van andere soorten en Letters, als haar Ed. convenieerde.

Tot maintien den Fabricquen in deeze Provintien, en op dat de O. I. C° niet ten behoeven van vreemde Fabricquen (die de onse sterk benadeelen) zoude verlieren of verbintenissen aangaan, zoude ider koper van zijde en florette Garen by de O. J. C. verpligt zijn boven de Prijzen van inkoop aan de C te betalen, voor de Zijde 5 ß p. *ℓ* en voor de florette Garens 3 ß p. *ℓ* en niemand die premij kunnen terug bekomen, dan die Geenen de welken bij solemneele Eede verklaarden deeze Zijde en florette Garens (waarvan hij restitutie der premij vorderde van welke balen hij t'Jaar van Inkoop, de kaveling en N°· moest noemen) op de Zijderederijen binnen de vereenigde provincien te hebben verwerkt of laten verwerken en met opzigt tot de chineese zijde die ongereed tot Gazen gebruikt word dat de karg waarvan restitutie der premy geeischt word, binnen deeze provintien tot Gaaren is verwerkt.

En ten eynde hier omtrent alle Bedrog voortekomen, zo komt mij voor dat daar de meesten, zo niet alle kopers van Zijde in Amsterdam en Haarlem woonagtig zijn, alle de Zijde en florette Garens die de O. I. C. aanbrengd in de kamer Amsterdam (alwaar men de Zijdekopers het beste kend) diende verkogd te werden: de vragt der Zijde nijt de eene kamer na den ander wil dog wijnig zeggen en 't artikel zou dan van zo veel belang niet zijn, dat er de buitenkamers nadeel bij zouden hebben of t' kon met iets anders gevonden worden.

Om 't menigvuldig doen van Eeden te voorkomen, zoude ider koper van zijde dewelke bij de O. I. C. aangebragd is, zig bij de Magistraat zijner Stad kunnen vervoegen en alldaar solemneel verklaren met onderwerping aan de Straffe op den Meijn-Eed, zoowel als Dieverij van vertrouwde Goederen gesteld: „dat hy nooyt van de O. I. C. de premij op de „Zijde en florette Garens gesteld, zal vorderen dan van de „quantitijd, die hij op de reederijen binnen de 't Vereenigde „Provincien zal hebben verwerkt of laten verwerken: en met „opzigt tot de Chineese Zijde die ongereed tot Gazen gebruijkt „word, die binnen 't Vereenigde Provincien tot Gazen is ver„werkt en dat deeze Zijde voor zo verre hem bewust is de„selve is die de C· heeft aangebragd en verkogt in zulk Jaar „en onder zulk een Cart of N° als hij zal komen optegeven."

Maar een verklaring op den Eed bij 't aanwaarden eener functie gelijk makelaar of andere tot deese of geene functien gequaliticeerdens zou in deesen niet geconsidereerd worden.

Bij aldien men bij de O. I. C° eenige Suspicien van Ontrouw omtrent het Eysschen der premij quam te bespeuren zouden de kopers kunnen verpligt worden met exhibitie van hun boeken of door andere bewijsen te toonen dat hun Eysch wettig was.

Eyndelijk zou de restitutie der premijen kost en schadeloos moeten geschieden.

Door deese schikkinge zoude de Cⁱⁱ verseekerd sijn dat zij deselve op den verkoop van de zijde, eenige Schade kwam te lijden, hetzelve daarentegen Strekke ten waare nutte van deese Landen en bijzonder van deese Stad, en van der anderen kant zoude men versekerd zijn dat der Hollandse Fabricquen altoos van een voldoende quantiteit zijde voorzien soude worden, die hun door het terug bekomen van de belasting Cⁱⁱ· 15 pc. minder te staan zoude komen, als hunne naburen, en daardoor de disproportie die thans in de Arbydsloonen is, al grootendeels worden weggenomen.

VI.

Revidierte und vermehrte Statuten der Krankenkasse für die Brauergesellen in Leyden.

(Vernieuwinge ende Vermeerderinge van de Beurse voor de Brouwers Knegten. Te Leyden, Bij Cornelis Heeneman, 1753.)

Artikel 1.

Jeder Brauergeselle soll verpflichtet sein, wöchentlich präcis zum Unterhalte der Kasse, 3 Stuyvers beizusteuern, ohne einige Wochen vorübergehen zu lassen, und soll der zum Einsammeln dieser Gelder bestimmte Knecht wöchentlich diese 3 Stuyvers in der Brauerei holen und aus der Hand des Altgesellen empfangen, welch letzterer dieselben von allen Gesellen der Brauerei, die zur Kasse gehören, einfordern und zur Zeit des gewöhnlichen Kommens des Knechts bereit halten oder das Geld vorschiessen und an das Komptoir der Brauer oder an irgend jemand übergeben soll, bei Strafe von 3 Stuyvers; falls einer der Gesellen unwillig sein sollte, die genannten 3 Stuyvers zu bezahlen, so soll er zu Gunsten der Kasse gleiche 3 Stuyvers zahlen.

Artikel 2.

Sobald Gesellen von einer Brauerei zur anderen übergehen, sollen sie jedesmal 30 Stuyvers an die Kasse entrichten. Eine gleiche Zahlung haben die Gesellen zu leisten, die ihre Brauerei verlassen und nach 4 Wochen in dieselbe zurückkehren.

Artikel 3.

Ein fremder Geselle, der, von auswärts kommend, feste Arbeit gefunden hat, soll nach 14 Tagen zur Kasse zahlen 42 Stuyvers, ausserdem noch 3 Stuyvers zum Unterhalt und

zur Erneuerung der weifsen Schürzen, im ganzen 45 Stuyvers;
bei Weigerung der Zahlung soll dem Unwilligen die Arbeit
durch den Stadtboten untersagt werden.

Artikel 4.

Ein Geselle, der bei seiner Arbeit durch Verbrennen
(was Gott verhüte), oder in anderer Weise merklich verletzt
oder mit einer schweren Krankheit von Gott heimgesucht
wird, sodafs er dadurch arbeitsunfähig wird, soll ohne Ansehen der Person, ob er es nötig hat oder nicht, um desto
besser die Eintracht zu erhalten, wöchentlich aus der Kasse
erhalten 2 Gulden 10 Stuyvers oder so viel mehr oder weniger, als man nach den Vermögensverhältnissen der Kasse
bewilligen wird; die Unterstützung soll anfangen mit der
2. Woche, nachdem er arbeitsunfähig geworden und soll so
lange dauern, als bis nach Ansicht des Arztes der Patient
wieder arbeiten kann, mit ausdrücklicher Erklärung, dafs
hiervon ausgenommen und ausgeschlossen sein sollen alle
Gesellen, die durch Schlägereien aufser der Arbeit verletzt
sind.

Artikel 5.

Falls einer der Gesellen stirbt, er sei ledig oder verheiratet, so sollen seine Witwe oder Erben für die Kosten des
Begräbnisses aus der Kasse eine einmalige Zahlung von 15 fl.
erhalten, jedoch erhalten diese Summe nicht Witwen von
alten invaliden Gesellen, welche wöchentlich aus der Kasse
eine Unterstützung, gleichviel ob sie gesund oder krank,
genossen haben.

Artikel 6.

Falls die Frau eines Gesellen stirbt, so soll der Mann
für die Kosten des Begräbnisses gleichfalls erhalten 15 fl.,
so jedoch, dafs zur Deckung dieser Summe alle Mitglieder
3 Stuyvers aufserordentlichen Beitrag zahlen.

Artikel 7.

Falls einer der Gesellen oder dessen Ehefrau aufserhalb
der Stadt begraben wird, so soll es der Kasse freistehen, die
Gesellen mit Mänteln oder mit weifsen Schürzen zum Begräbnis gehen zu lassen.

Artikel 8.

Falls einer der Gesellen stirbt, soll die Leiche von den
anderen Gesellen, in schwarzer Kleidung und mit weifsen
Schürzen, getragen werden und das abwechselnd von den
Arbeitern der verschiedenen Brauereien und zwar mit Wissen
und auf Befehl der derzeitigen Aufseher und unter Benachrichtigung der Meister; wer vom Diener der Kasse benach-

richtigt, nicht erscheint, zahlt eine Bufse von 12 Stuyvers; dieselbe Bufse erlegt, zahlen diejenigen, die ohne gehöriges Trauerkleid erscheinen; wer ein solches nicht besitzt, soll den Diener davon, wenn er Meldung macht, in Kenntnis setzen oder einen anderen an seiner statt zu ernennen, vorausgesetzt, dafs dieser Kassenmitglied, bei der gleichen Strafe von 12 Stuyvers. Falls einer der Träger zu lange im Sterbehause bleibt oder sonst sich durch Trunkenheit, Wort oder That vergeht, so zahlt er das eine Mal 3, das andere Mal 6 Gulden.

Artikel 9.

Die verstorbenen Frauen oder Kinder von Brauergesellen, sollte darum von den Gesellen ersucht werden, sollen von den Kassenmitgliedern getragen werden, ebenso die Eltern, Schwestern oder Brüder derselben Gesellen, falls sie bei diesen wohnten, vorausgesetzt, dafs der Gilde 5 Gulden zum mindesten gezahlt werden. Alles, was den Gesellen für das Tragen gezahlt wird, soll in die Kasse kommen; jedoch soll diese Zahlung in Bezug auf die Frauen und Kinder von Unvermögenden nicht notwendig sein und bei Kindern von Vermögenden ebenfalls nicht stattfinden.

Artikel 10.

Kein neu angekommener Geselle soll im Falle von Krankheit oder Unfall Unterstützung aus der Kasse geniefsen, es sei denn, dafs er 9 Monate hintereinander seinen Kassenbeitrag bezahlt.

Artikel 11.

Derjenige, der sich zu einer Zeit gegen diese Verordnung vergangen hat, soll wegen der deshalb zu erlegenden Bufse auf Verlangen der Aufseher von einem Gerichtsdiener executiert werden.

Artikel 12.

Das Tragen der Leichen soll durch die von den Vorstehern bezeichneten Gesellen geschehen und im Fall der Verhinderung derselben durch eine andere Person aus der gleichen Brauerei, die der Altgeselle derselben zu bestimmen hat. Falls der Altgeselle verhindert und selbst beauftragt ist, zu tragen, so soll er jemand anders dazu ersuchen, vorausgesetzt, dafs dieser zu den Kassenmitgliedern gehört; es soll nicht freistehen, jemand anders dazu zu ersuchen, bei einer Strafe für den Bittenden von 30 und für den Träger von 10 Stuyvers.

Artikel 13.

Alle Gelder, die für das Tragen von Leichen der Kasse gezahlt werden, sollen zu Gunsten und zur Stärkung der

Kasse bestimmt sein und wie andere Kassengelder benutzt werden, ohne dafs irgend ein Teil als Trank für die Träger verbraucht werden soll. Daher sollen die Vorsteher sorgen, dafs bei Unvermögenden ein Trunk Bier für die Träger zu finden sei, die übrigens sich hierbei nicht zu lange aufhalten und die Arbeit versäumen, noch viel weniger Tabak rauchen sollen, bei Strafe von 3 Stuyvers.

Artikel 14.

Damit alles in desto besserer Ordnung befolgt werde, so soll jährlich der älteste Vorsteher Dekan werden und die zwei ältesten darauffolgenden Vorsteher mit ihm gleichzeitig funktionieren und soll an Stelle des abgehenden Dekans und des vierten Vorstehers noch zwei Vorsteher auf Grund einer an den Magistrat einzureichenden Vorschlagsliste von vier Personen, die spätestens acht Tage vor Weihnachten eingereicht werden soll, gewählt werden. Es soll ferner der erwähnte Dekan mit einem Vorsteher abwechselnd — jeder Vorsteher einen Monat lang — in seinem Hause Montags um 6 oder $^{1}/_{2}$ 7 Uhr Abends zusammenkommen; derjenige, der zu spät kommt, zahlt 3 Stuyvers, wer ganz abwesend, 6 Stuyvers, Krankheit und entschuldigte Entfernung aus der Stadt ausgenommen. Für diese wöchentliche Beherbergung inklusive Feuer und Licht soll der Dekan aus der Kasse 3 Gulden erhalten und bei Ablegung der Jahresrechnung 4 Gulden, alles in allem 7 Gulden und nicht mehr. Und um zur Ernennung der erwähnten vier Personen zu gelangen, soll fortan in jeder Brauerei eine Person von den Gesellen ausgeloost werden, welche Personen nach der Zahl der Brauereien zusammen durch Stimmenmehrheit die erwähnte Ernennung machen sollen, so jedoch, dafs Vater und Sohn, Bruder und Schwager niemals zusammen funktionieren sollen.

Artikel 15.

Alle Jahre innerhalb von 14 Tagen nach der Wahl der beiden neuzuernennenden Vorsteher, soll der Dekan nebst den vier Vorstehern des Vorjahres verpflichtet sein, den Personen, die den Vorschlag betreffend der erwähnten beiden neugewählten Vorsteher gemacht haben, auszuhändigen, vorzulegen und zu zeigen nicht allein das Buch oder die Bücher, um zu sehen, wieviel Geld in der Kasse vorhanden, sondern auch, dafs alle Gelder übereinstimmend mit den Büchern sich in der Kiste thatsächlich befinden.

Artikel 16.

Auch sollen die genannten Aufseher auf Kosten der Kasse nichts verzehren, abgesehen von einer ehrlichen Erholung alljährlich; jedoch sollen dann nicht mehr als 15 Gulden verzehrt werden, abgesehen von 5 Stuyvers, die für die wöchentlichen Zusammenkünfte bestimmt sind.

Artikel 17.

Die Brauer dieser Stadt sind verpflichtet, in Zukunft keine Gesellen anzunehmen oder fest anzustellen, falls sie nicht zusagen, sich nach der obigen Ordnung zu richten und innerhalb 14 Tagen bekannt machen und sorgen, dafs die obenerwähnten 42+3 Stuyvers bezahlt werden, bei der oben angedrohten Strafe; auch sollen keine Gesellen über 40 Jahr angenommen werden; falls dies geschieht, dürfen sie in die Kasse nicht aufgenommen oder eingeschrieben werden.

Artikel 18.

An der Kiste, in der die Gelder und Bücher aufbewahrt werden, sollen 3 verschiedene Schlösser angebracht werden, von deren Schlüsseln der eine in den Händen des Dekans, die beiden anderen in den Händen der zwei ältesten Vorsteher sich befinden sollen.

Artikel 19.

Die erwähnte Kiste soll mit Zustimmung der Brauer dieser Stadt auf der Brauerstube aufbewahrt werden und sollen sich dort auch die Gelder und alten Bücher befinden, ausgenommen 100 Gulden zur Verfügung des Dekans, nebst einem Buch, in dem aufgezeichnet wird, was der Dekan auf Grund dieser Verordnung von Zeit zu Zeit zu zahlen hat.

Artikel 20.

Die Kiste soll niemals geöffnet werden, als in Gegenwart des Dekans und der beiden ältesten Vorsteher; im Falle von Krankheit oder anderweitiger Behinderung soll der Schlüssel an einen oder beide übrige Vorsteher übergeben werden.

Artikel 21.

Falls einer der Brauergesellen die Aufseher der Kasse oder ihre Bediensteten mit Worten oder durch die That verletzt, sei es in Gegenwart der Beleidigten oder hinter ihrem Rücken, so soll er vom Dekan und Vorstehern dieser Kasse zu solchen Geldbufsen verurteilt werden, als diese nach Lage des Falls gutfinden zu bestimmen.

Artikel 22.

Falls einige Brauergesellen von der Brauerei, in der sie arbeiten, entlassen und dadurch arbeitslos werden, so sollen dieselben in der Kasse bleiben können und falls sie ihren Wochenbeitrag dauernd entrichten, dieselbe Unterstützung bei

Krankheit und ähnlichen Vorfällen geniefsen, als die arbeitenden Gesellen.

Artikel 23.

Falls jemand das Brauerfach verläfst und ein anderes Gewerbe ergreift, so soll er die Freiheit haben, während der Zeit von 8 Wochen seinen Beitrag weiter zu zahlen und im Falle er inzwischen krank wird, so soll er Unterstützung geniefsen; nach Verlauf der 8 Wochen soll er nicht länger der Kasse angehören.

Artikel 24.

Falls einer der Gesellen auf 1, 2 oder 3 Monate aus der Stadt reist und mit Zustimmung des Meisters einen anderen an die Stelle setzt oder falls Aushülfspersonen an Stelle von Kranken oder Verletzten arbeiten, so sollen die Aushülfspersonen oder die Gesellen insgesamt den Beitrag des Verreisten oder Verletzten zahlen.

Artikel 25.

Diese Verordnung für die Kasse soll bis zum ausdrücklichen Widerruf des Gerichts in Kraft bleiben.

Artikel 26.

Schliefslich soll der Diener der Kasse, der bei eintretender Vakanz in der Folge von Dekan und Vorstehern, sowie von den zur Ernennung des Vorstandes befugten Personen zu wählen ist, wöchentlich die Beiträge holen und für seine Mühe erhalten alle Wochen 1 : 5 : 0. Ferner soll er die Gesellen zum Begräbnis auffordern und dafür erhalten 30 Stuyvers. Schliefslich soll er alles thun, was ein guter und ehrbarer Diener zu leisten verpflichtet ist.

Gegeben und erneuert durch die vom Gericht der Stadt Leyden, den 28. April 1740.

Berichtigungen und Ergänzungen.

S. 5 Z. 19 v. o. l.: st. dies Bürgermeister- und Schöffenamt, das Bürgermeister- und Schöffenamt.
S. 5 Z. 26 v. o. l.: st. Amter, Ämter.
S. 11 Anm. 6 l.: st. Köcher, Geschichte von Braunschweig-Hannover, Geschichte von Hannover und Braunschweig.
S. 19 Anm. 7 l.: st. Erdmannsdörfer, Erdmannsdörffer.
S. 20. Die angeführten Zolleinnahmen beziehen sich für die Jahre 1627 f. nur auf den Warenzoll.
S. 30 Z. 8 v. u. l.: st. werden, wurden.
S. 31 ergänze hinter den Worten „Arbeitsteilung in der Werkstatt" war.
S. 35 Anm. 3 l.: st. bloie, bloei.
S. 40 Z. 1 v. o. l.: st. Organisationsformen, Organisationen.